그류 그런디 그게 어디 그류

국립중앙도서관 출판시도서목록(CIP)

그류 그런디 그게 어디 그류 : 박종국 제9수필집 / 지은이:
박종국. -- 대전 : 오늘의문학사, 2014
p. ; cm

표제관련정보: 버드내 초록마을 외송의 살아가는 이야기
ISBN 978-89-5669-629-4 03810 : ₩12000

한국 현대 수필[韓國現代隨筆]

814.7-KDC5
895.745-DDC21 CIP2014022010

그류 그런디 그게 어디 그류

박종국 제9수필집

오늘의문학사

❥ 작가의 말

충청도 말씨가 아주 느려터지다고 한다. 너무 답답하다고 한다. 그런데 군대에서 선착순 할 때 보면 먼저와 있을 만큼 아주 날렵하고 잽쌌다.

충청도 사람은 상대에 대한 배려심이 강하다. 그래서 상대방이 말할 때 잘 들어가며 사이사이 그류, 그류~ 하면서 곧잘 장단을 맞추기도 한다.

그러다 막판에 그런디 그게 어디 그류~, 단번에 뒤집는다. 지조가 있고 의리가 있고 꼿꼿한 자기중심의 줏대가 있어서 쉽게 휘둘리지 않는다.

이제 그런 모습들도 먼 옛이야기가 되었다. 다문화가족까지 뒤섞이면서 누가 충청도출신인지 겉모습만 보아서는 쉽게 헤아릴 수 없게 되었다.

교통사고가 끊임없이 일어나 선의의 피해자가 늘어나고 있다. 갑자기 주말에 아파서 곤혹을 치루기도 한다. 살아가는 이야기들을 담아보았다.

2014년 땀 뻘뻘 삼복에

버드내 초록마을 외송문방에서 박 종 국

제1부 태산이 높다하되

제2부 주말의 불청객

제3부 또 하나의 교통사고

제4부 그류 그런디 그게 어디 그류

제5부 2014년의 봄

제1부

태산이 높다하되

태산 정상의 옥황정 자물통꾸러미

봄이 오는 길목에서

냉기류 속에 온기 같은 기류가 느껴지듯 차가운 바람 속에 훈기가 감돈다. 양지 바른 밭두렁에 서둘러 얼음이 풀리고 푸릇푸릇한 냉이다. 나뭇가지로 긁적여 뽑아 올린 허연 뿌리는 실하면서도 봄 냄새가 확 풍긴다.

한겨울 꽁꽁 얼어붙는 추위에도 뿌리는 자라고 있었다. 깨끗이 씻어 달래와 함께 된장을 풀고 팔팔 끓이면 겨울을 달여 봄을 추출하듯 진한 향기가 온 집안을 뒤덮으면서 밥숟가락도 신바람에 입안을 즐겁게 한다.

식사가 끝나도 입안에서 줄줄이 흘러나오는 야릇하고 향긋한 냄새에서 봄을 씹고 있음을 알게 되면서 훈훈해진다. 기나긴 겨울을 딛고 봄이 오는 길목에서 맛볼 수 있는 특전이기도 한데 너무 머뭇거리다 지나친다.

아른거리는 봄날 길에서 많은 것을 생각하고 느낄 수 있다. 겨울을 이겨낸 모습들이 신기한 듯 하나하나가 길동무가 되기도 한다. 굽어지면 굽어지는 대로, 곧으면 곧은 대로, 길이 안내하는 그대로 나를 맡기면 된다.

자연이라는 크나큰 혜택 앞에 나의 존재가 미미하다는 느낌이 들기도 한다. 풍경에 반해 발걸음 쉬었다 가기도 하고 길이 이끄는 대로 빠른 걸음으로 재촉하기도 한다. 오직 걷는 이만이 보고 느낄 수 있는 시간이다.

자연이 내어준 길, 자연이 인도한 길이기에 우선 느긋하고 편안하다. 새싹이 돋아나며 꽃봉오리가 툭툭 터지려 한다. 춥다고 감기 앓는다고 방안에서 움츠린 동안에도 자연은 겨울과 힘겨루기를 하고 있었던 것이다.

겨울을 벗어나 봄이 오는 길목인데 요즘 들어 국내사정 못지않게 국외의 사정마저 아주 심상치 않다. 우크라이나의 크림반도는 주민투표로 러시아에 합병을 꾀함에 우크라이나는 물론 서방과 대치 갈등을 겪고 있다.

미국은 맨하튼 빌딩 가스폭발로 9.11악몽을 떠올리고 말레시아는 여객기가 납치냐 추락이냐 잠적하고 일주일이 지나도록 그 단서조차 잡지 못하며 오리무중으로 빠져들어 이러쿵저러쿵 설만 오갈 뿐 속수무책이다.

일본 규수의 6.2도 지진의 여파가 부산 및 경남 동해안까지 심한 진동으로 놀라게 하고 그간 진한 미세먼지가 대륙에서 한반도 전역으로 밀어붙이다가 흥건한 봄비로 씻겼나 싶더니만 재연될 조짐을 보이고 있다.

지난 연말부터 시작된 AI로 닭, 오리의 수난은 이곳저곳에서 조롱하듯 터져 나와 끝내는 전국을 강타하며 천만 마리 넘게 살처분하여

매장하더니만 끝내는 조류에서 네 발 짐승인 개에게까지 옮겨져 긴장하게 한다.

서울시공무원 간첩사건 증거조작문제로 연일 국정원은 뭇매를 맞고 야당의 단일화 신당창당과 지방선거 전초전으로 술렁술렁 들떠 있는데 하늘에서 큼직한 운석 덩어리가 진주지방에 떨어져 하늘이 내린 로또란다.

그래도 어김없이 봄은 오고 있다. 제주도의 유채꽃에 이어 남녘의 매화와 산수유 꽃소식이 올라온다. 마치 각본에 따르듯이 올해도 예정 수순에서 크게 벗어나지는 않을 것이다. 봄의 손길은 봄 그 자체로 따스하다.

봄의 숨결은 꿈이 담겨있다 풀풀 묻어난다. 봄은 산하뿐만 아니라 마음까지 초록으로 물들이고 꽃으로 장식한다. 겨울을 툭툭 털고 봄맞이 가자고 자꾸 바깥으로 불러낸다. 봄은 꿈틀꿈틀 생동감으로 활력을 준다.

봄이 오는 길목에 봄빛을 찾아 진도에 갔다가 어깨너머로 우연찮게 얻어듣고 뒤늦게 결정한 여행이다. 중국의 산둥반도에 있는 노산과 태산을 찾아 떠난다. 관광보다는 등산에 역점을 두고 뱃길로 떠나기로 하였다.

갑작스런 여행이기에 더 기대되는지도 모른다. 그것도 국내가 아닌 중국이고 평범한 여행이 아닌 산악 트레킹이다. 우선 몸부터 잘 관리하여야 한다. 겨울에서 깨어나 봄의 활력을 불어넣어야 한다. 자신감부터 갖자. — 2014. 03. 17.

여행을 떠나는 마음

요즘은 가만히 집안에 앉아서 티브이를 보고 비디오를 보고 책을 보고 사진을 보고 신문이나 잡지를 보면서 세계 곳곳을 여행할 수 있다. 그러나 실감이 나지 않는다. 아무래도 전달만으로는 생동감이 없기 때문이다.

툭툭 털고 일상에서 벗어나 훌쩍 여행을 떠난다. 직접 현장을 찾아 나서는 것이 제 맛이 난다. 「백문이 불여일견」 이라고 한다. 백번을 들어도 직접 한 번 보는 것만 못하다고 한다. 직접 보고 느끼면서 받아들여야 한다.

아무래도 보는 눈높이가 다르다. 각도가 다르고 생각이 다르다. 흔히 보는 것을 놓칠 수도 있겠지만 못 보는 것을 볼 수도 있다. 취향이 다르기에 지향하는 바가 다르고 기발한 생각에 다가오는 감흥도 다를 수가 있다.

중간에 전해 듣는 것으로는 아무래도 한계가 있다. 전하는 사람의 눈높이에서 보고 듣고 느낀 것을 있는 그대로 전하고 싶어도 은연중 보태고 빼고 분칠을 하면서 아예 왜곡이 심할 수도 있다. 주관이 많이 개입된다.

어디에서나 손쉽게 볼 수 있는 것이 아니라 오직 그곳에서만 볼 수 있고 느낄 수 있는 것이 있다. 주변과 함께 어우러져 분위기가 무르익어야 하는 것이다. 그야말로 사본 아닌 원본을 적나라하게 보아야 하는 것이다.

여행을 하며 많은 것을 보고 듣고 느끼고 생각하면서 마음이 넓어진다. 물론 여행은 즐거움도 있지만 이런저런 일들로 고통이 따르기도 한다. 하지만 고통까지도 축적되어 어디 내놓아도 손색없는 추억이 되기도 한다.

떠나는 절차도 여러 가지가 있다. 그냥 걸어서 가는 곳도 있고, 차를 타고 가거나 기차로 가는 곳도 있다. 비행기를 타야 하는 곳도 있다. 그런데 배를 타고 바다를 건넌다. 신속성은 떨어져도 또 다른 풍경이 그려진다.

그곳이 국내일 수도 있고 외국일 수도 있다. 산이고 바다이고 도시이거나 시골로서 축제장처럼 좀은 색다른 곳일 수도 있다. 몇 번쯤은 다녀온 곳으로 지난날을 되새김질하기도 하고 아주 낯설음에 다소 들뜨기도 한다.

여행은 은연중 뭔가 기대할 수 있는 곳이면 더 좋다. 새로움이 솔솔 묻어나면서 진짜 여행하는 맛을 물씬 느낄 것이다. 혼자도 좋지만 삼삼오오 짝을 지어 무작정 떠나도 좋다. 특정된 목적으로 무리를 지어도 괜찮다. 단순하게 모래만 모여 있지 싶어도 그 모래 자체보다는 사막이라는 색다른 풍경을 연출한다. 나무와 바위와 계곡이 어우러진 한 폭 그림으로 압축되는 환상적인 모습이라든지 장엄한 일출이나 일몰을 볼 수도 있다.

세상은 넓고 길은 아주 많다고 하였다. 하지만 길은 있는 듯 없고 없는 듯 있는 곳도 있다. 길이 있다고 아무나 다 갈 수가 있는 것도 아니고 길이 없다고 아주 못 가는 것도 아니다. 길이 지상에만 있는 것이 아니다.

텅 빈 듯싶은 하늘에도 길이 있고 망망한 바다에도 길이 있다. 그 길을 잃거나 벗어나면 어떤 재난을 겪게 될지 모른다. 길은 편의에 따라 생겨나기도 하고 없어지기도 하지만 그렇다고 있는 길을 무시하면 아니 된다.

길은 사람에게도 있다. 사람으로서 가야할 도리의 길이다. 그런데 인면수심의 철면피한 일들이 세상에 드러나고 있다. 참으로 입에 담기조차 얼굴이 확확 달아오르며 분통을 터뜨리게 한다. 세상이 야속하게 보인다.

물론 길은 가라고 있는 것이다. 길을 잃거나 벗어나 헤매다 끝내 실종자가 되기도 한다. 또한 옳지 못한 짓이라고 지탄의 대상이 되기도 하고 돌이킬 수 없는 범법자가 되기도 한다. 길에는 규칙이 있고 윤리가 있다.

길은 쉽게 가는 방법도 있지만 빨리 간다고 능사는 아니다. 조금은 더듬거리는 듯싶고 다소 험난한 고통스러운 길을 가보는 것도 때로는 괜찮다. 끝 모를 바다에서 그림 같은 배 한 척을 보면 아름답고 반갑지 않으랴.

봄날에 여행을 떠난다. 마음을 풀어 나를 방목한다. 여기 기웃 저기도 기웃 뭔가 색다른 숨결이 담겨있지 싶어 달려가 본다. 여행은 낯설음에 설렘이 출렁거린다. 다소 불편하고 서투름에서 오히려 상큼함이 묻어난다.

볼거리에 빠져 나를 잠시 잊고 새로움으로 가득 채운다. 마음이 먼저 달려가고 발걸음조차 가뿐한 참 좋은 날이다. 처음부터 이런 설렘이나 호기심조차 없이 무덤덤하게 떠나는 여행에 무슨 의미가 있으랴 싶어진다.

여행은 그냥 귀찮음이 아니다. 피동적이 아니라 적극적이고 미지에 막연한 두려움보다는 하다못해 복잡한 마음이라도 툭툭 털고 오겠다든지 나름대로 뭔가 소박한 바람 같은 것을 지니고 떠나보는 마음가짐인 것이다. 그래서 여행은 어느 날 혼자 불쑥 떠날 수도 있지만, 마음이 맞는 사람들끼리 어디가 좋을까, 언제쯤 좋을까, 경비는 얼마면 될까, 정보를 나누며 마음도 부풀리고 그날을 준비하는 기다림에 빠져드는 즐거움도 있다.

큰 파도 사이로 잔파도가 일듯이 큰 추위 사이로 봄이 묻어 올라온다. 봄을 먼저 건져 올리는 맛이 짜릿하다. 그래서 남녘을 기웃거리기도 하고 봄을 노래하기도 한다. 이제 그런 마음가짐으로 낯선 곳을 녹이러 간다.

여행은 그냥 떠남 그 자체도 좋지만 이것저것 준비하면서 곁들여진 막연한 그리움 같은 것을 그려가며 기다리는 짜릿짜릿함이 담겨있다. 그만큼 기대와 설렘의 활력소를 지니고 있는 것이다. 봄날에 훌쩍 떠나본다. — 2014. 03. 18.

중국 청도로 가는 뱃길에서

중국은 국토가 러시아, 캐나다에 이어 세 번째로 큰 나라이지만 인구는 13억 5천만 명으로 단연 으뜸이다. 그 뿐만이 아니라 출산제한정책을 피해 부득이하게 출생된 유령인구가 2억 명쯤은 될 것으로 추산을 한다.

종족은 92%가 한족이고 나머지는 55개 소수민족이다. 그 중에 하나가 만주의 길림성 일대에 많이 살고 있는 우리의 조선족이다. 국토는 23개의 성으로 나뉘는데 5개 자치주, 4개 직할시, 2개의 특별행정구가 있다.

황해도 끝자락 밑에 백령도를 향해 킁킁 냄새라도 맡을 듯이 서해를 사이에 두고 코를 길쭉하게 내밀고 있지 싶을 만큼 가까이에 위치한 산둥성은 세 번째로 큰 성으로 남한의 2.5배 크기에 6천6백만 명 인구이다.

산둥성에는 일찍이 고대문명의 발생지인 황하가 성도인 제남을 끼고 있다. 진시황을 비롯해 한무제 등 7황제가 드나들며 산제를 지낸 태산이 있고 공자, 맹자, 노자, 강태공, 손무, 왕희지 같은 위인들이 배출된 곳이다.

그 중에 일부이지만 청도(青島)의 노산(嶗山)과 태안(泰安)의 태산(泰山)으로 관광보다는 산을 찾아 트레킹을 떠난다. 인천 제2국제여객터미널에서 중국의 청도(칭다오)행 위동해운(NEW GOLDEN BRIDGE V)을 탔다.

위동해운은 한중합동카페리여객선으로 1992년 8월 24일 역사적인 한중수교 2년 전에 이미 위해항로를 개설하고 수교 직후 청도항로가 개설되어 한중간에 인적 물적 문화교류의 황금교량역할을 톡톡히 해내고 있다.

어젯밤까지 비가 내렸는데 그것으로 부족한지 흐릿하니 시계가 별로 좋지 않다. 그래도 잘 다녀오라는 몇몇 갈매기의 배웅에도 떠나기 싫다며 억지 쓰는 발길처럼 배는 천천히 인천항을 빠져나가고 곧 어둠에 휘감겼다.

3만t급 위동해운은 길이가 200m에 폭이 27m나 되며 최대속도는 55km/h에 평균속도가 47km/h이고 컨테이너적재량도 325개나 된다. 660명 승객에 70여 명 승무원이 탑승하는 대형여객화물선으로 주3회 운송을 한다.

배가 큰 탓에 멀미를 하는 사람은 없지 싶지만 인천에서 청도의 거리가 해상 611km로 풍랑 등 해안 사정을 감안하지 않더라도 출항에서 입항까지 18시간에 입국수속까지는 20시간은 족히 잡아야 하니 너무 지루하다.

611km면 우리나라가 삼천리강산이라고 하는데 그 절반인 천오백리가 된다. 해상으로 국토의 절반을 횡단하는 셈이니 결코 짧은 거리

도 아니다. 다만 뱃길로 곧게 갈 수가 없고 갇혀있는 것이 좀은 답답한 것이다. 그래서 대낮보다는 야간을 이용하여 잠을 자며 아예 1박을 하게 되니 다소 지루함을 덜어주고 활동할 시간을 벌 수가 있는 것이다. 워낙 배가 크다보니 선입감처럼 배가 요동치는 흔들림이나 뱃멀미는 거의 없다.

그러나 사실상 왕복 2일을 배에서 보내게 되는 셈이니 여행하는데 시간을 보다 많이 잡아야 한다. 다만 비행기보다는 몇 배의 시간이 소요되지만 그래도 운임이 저렴하고 활동하기에 자유롭다는 장점을 지니고 있다.

다만, 단체와 돈 없는 보따리장수가 많이 이용하다 보니 좀은 어수선하다. 특히나 수학여행을 떠나는 학생들이나 관광을 나온 어른들에 중국인까지 뒤섞여 이성을 잃은 듯 헤매는 사람도 있어 시끄러울 수밖에 없다.

목청이 높은 중국여성들은 불과 몇 명이 시장바닥을 방불케 한다. 안양의 모 남녀공학 고등학교 2학년생들이 4박5일 수학여행을 떠난다고 우르르 몰려다닌다. 학부형은 55만원 여행비에 잡비까지 상당한 부담이다.

인솔교사는 고삐 풀린 학생들을 통솔할 엄두를 못 내고 되레 희롱당하고 있지 싶다. 아예 제재하는 사람도 없으니 정말 가관이다. 무엇을 보고 배우러 외국까지 여행을 떠나는 것인지 의아심이 들게 하기도 한다.

그래도 그것이 국제화며 세계화로 가는 지름길이라고 침이 마르게 외치며 자랑이다. 20리 길을 걸어 유명사찰로 소풍을 가거나 가까스로 하룻밤쯤 기차여행을 하던 때가 떠오르는 해묵은 그리움의 대목이기도 하다.

누구는 그런 것에 여행하는 맛이 있고 흥을 돋운다고도 한다. 그런 것들이 추억으로 남고 새겨진다고 한다. 하지만 나 좋다고 넘치게 시시덕거리며 이웃을 얕잡아보는 것이 결코 좋은 모습이라 할 수는 없을 것이다.

선실은 시간이 흐를수록 점점 온갖 열기에 휩쓸려 머리가 지끈거리도록 후끈거린다. 밤늦은 줄 모르고 통로를 오락가락하거나 큰 소리로 떠들고 웃고 부스럭거리니 지루함을 가중시키고 짜증스럽게 하기도 한다.

어찌 여행에 좋은 일 좋은 기억만 남겠는가. 이런저런 것들이 모여 하나의 그림을 그리듯 나름 그럴듯한 추억을 만들어낼 것이 아닌가. 모든 것은 시간이 해결한다. 시간이 흐르면 자연스럽게 해결될 일에 불과하다. 억지로 눈을 꼭 감고 잠을 청해도 소용없다. 오히려 더 잘 보이고 크게 귀를 열어놓은 듯싶고 더 빨리 머릿속이 돌아간다. 잊혔던 것, 먼지가 뽀얗게 쌓였던 것까지 끄집어내는데 옆에서는 크윽~, 코를 골고 있다.

일어나서 휴게실로 가다보면 여기저기서 고민 아닌 고민을 하는 사람들이 꽤나 있다. 모처럼 여행의 설렘에서 밤잠을 못 이루는 것만은 아닐 터다. 그렇게 소리 없는 저만의 아우성 소용돌이에 또 하루가 밝는다. — 2014. 03. 18.

빨간불 들어온 몸뚱이

아침식사를 하러 층계를 밟고 위층으로 올라가야 한다. 몸이 이상하다. 사실 어제 승선하고부터 그다지 좋지 않았다. 낮에 먹은 음식에 이상이 있었던지 속이 다소 꺼림칙했다. 저녁식사도 별로이고 간식도 마다하였다.

그러다 시간이 지나면 좀 괜찮아지리라 했는데 그게 아니다. 갑자기 휘청거리며 다리에 힘이 쭉 빠진다. 그래도 아침식사를 억지로라도 먹어두어야 한다. 속이 든든해야 힘이 솟고 노산 산행을 거뜬하게 할 수 있다.

휴게실에 앉아있는데 자꾸 식은땀이 흐른다. 뱃속도 좋지 않다. 팀원이 보고는 어디 아프냐고 한다. 체기가 있는 것 같다고 하니, 이리저리 수소문하여 침으로 손가락을 따 피를 뽑고 소화제를 먹으며 안정을 취했다.

여행길이 사뭇 좋다 떠들어대는데 뒷전에 앉아 뱃속에서 배가 아프다 울상을 짓고 있다. 다른 한 쪽에서는 뱃속에서 배가 고프다고 연신 뱃속을 채우는데 참 초라하다. 배를 타고 가며 느끼고 겪어보는 진풍경이다.

어젯밤 선상에서 있었던 불꽃놀이가 스쳐간다. 하늘에 불꽃이 수를 놓았다. 눈앞에 번쩍 피어올랐다 일시에 쏟아져 내리는 모습은 환상적이었다. 그러나 그 뒤에 남는 것은 더 어두운 적막뿐이며 무거운 침묵이었다.

그래, 하늘을 한없이 찌를 듯 현란하게 치솟으며 온 눈길을 사로잡았으나 눈 깜짝할 사이에 허무하게 추락하고 말았다. 눈부신 화려함 뒤에 밀려드는 더 어둠 같은 암흑으로 어디서 어디까진지 한꺼번에 벌어진 신기루였다.

조금은 상태가 좋아진 듯싶다. 아직도 세 시간은 더 있어야 배에서 탈출할 수 있다. 오늘은 여유롭게 차나 타고 다니는 단순한 관광여행이 아닌 험난한 산길을 힘겹게 올라야 하는 등산길이다. 걱정스러움이 앞장을 선다.

13명이 특별 원정 트레킹을 가는 것이다. 다함께 일사불란하게 움직여야 한다. 만약 누구 하나라도 처지거나 대열에서 이탈하면 그만큼 팀은 스케줄에 차질을 가져올 수 있고 당연히 그 사람은 눈총을 받을 수밖에 없다.

그런데 그 첫 번째 걸림돌이 내가 되려고 한다. 이쯤에서 포기하거나 돌아갈 수도 없다. 어쨌거나 팀에 피해를 주어서는 아니 된다. 그러려면 일정대로 소화해내야 한다. 앞장은 서지 못할망정 발목을 잡으면 안 된다.

날씨까지 내 마음속처럼 복잡하였던가, 희뿌옇다. 안개인지 미세먼지인지 청도가 반갑다고 덥석 받아주지를 않으려나, 탐탁치가 않다. 처음 찾아온 곳인데 설레는 마음보다 덤덤하다. 마음의 탓이라고 할는지도 모른다.

지루함을 안고 청도항에서 입국수속을 한다. 왜 그렇게 느려터진지 모르겠다. 친절한 서비스는 고사하고 답답한 것은 너희지 우리가 아니라는 듯이 미적미적 한국을 얕잡아보며 골탕 먹이는 처사로 여겨지기까지 한다.

입국하자마자 조선족가이드가 기다리고 있다. 버스로 갈아타고 40여 분을 허겁지겁 달렸다. 시내를 벗어나 노산입구 너른 주차장에 내렸으나 관광객이 우리밖에 없으니 썰렁하다. 빨간불아! 이제 그만 미련 없이 꺼져라. — 2014. 03. 19.

노산(嶗山) 트레킹 · 1

청도에서 부지런히 입국

수속을 밟고 40분쯤 교외로 이동하여 노산 입구 주차장이다. 봄꽃은 피고 있는데 꾸물거리는 날씨다. 계절이 이른 평일이라 그런지 썰렁하다. 텅 빈 광장에서 도시락을 펼쳐놓고 점심식사를 한다.

그동안 뱃속이 너무 부대낀 탓인지 입맛이 별로 당기지를 않는다. 그래도 지급 받은 물은 벌컥벌컥 마셔둔다. 이제 셔틀버스를 타고 가야한다. 정원이 차지 않았다고 한동안을 기다렸다가 출발한다. 실리를 챙겨야 한다.

빠금히 보여서 가까운 거리 같아 보이지만 절벽이나 바위를 피해 깎은 산자락을 굽이굽이 돌아가야 한다. 수차례 길게 지그재그를 그리면서 천지순화(天地淳和) 산문광장까지는 산속으로 20분쯤은 족히 달려가야 한다.

바닷가이기도 하지만 산은 온통 바위로 뒤덮였다. 얼핏 북한산과 월출산에 대둔산까지 스쳐간다. 어촌인데다 산만 있으니 수없이 돌을 골라내고 담을 쌓아서 겨우 만든 빈자리에 몇 그루 차나무를 심고 채소를 심었다.

참으로 눈물겹게 만들어진 텃밭이다. 이들에 비하면 남해의 가천 다랑이마을은 거침없이 들녘이라고 부를 만큼 넓다. 저토록 박토인데도 토지를 가져야겠다는 간절한 욕망은 얼마나 많은 인력을 쏟아부어야 했을까나.

여북하면 노산이란 말이 그냥 생겼겠느냐고 한다. 노산(嶗山)의 노(嶗)자를 보면 산(山)과 노(勞)가 결합되어 있다. 이곳은 오로지 산뿐이니 산에서 열심히 일을 하지 않으면 살아갈 수가 없다는 의미가 담겨있다고 한다.

도로를 내며 절단된 벽면에는 지역과 관련된 그림을 그리고 조각을 하여 요소요소 석상도 많다. 강태공도 있고, 공자도 있고, 태극권의 창시자도 있고, 도교의 성지답게 소를 타고 있는 노자가 위엄을 드러내고 있다.

중국은 한국보다 서쪽에 있으므로 시차가 한 시간 앞당겨졌다. 현지시간으로 13시가 되어서야 본격적인 산행에 들어갔다. 6인승 케이블카로 자광동굴이 있는 곳까지 10분이면 쉽게 오를 수 있지만 산길 따라 오른다.

평범한 초입의 계곡은 가뭄이 심한지 아주 조용하다. 하지만 여기도 청도다. 청도는 물이 좋기로 이름이 난 곳이다. 그래서 청도맥주의 인기가 백년을 하루 같이 꿋꿋이 이어 오고 있다. 저 바위틈 물맛도 좋으리라.

이제 산행 내내 돌과 함께하여야 한다. 길바닥은 잘 다듬어진 침목 같은 돌로 연이은 계단이다. 고개를 돌리면 돌과 마주친다. 돌이 곧

동반자이기도 하다. 돌에서 별난 모습을 찾고 자신을 찾고 마음도 찾아야 한다.

잔잔한 대나무, 볼품없는 참나무, 오종종한 소나무, 봄을 준비하는 진달래나무, 진물이 흐르는 오리나무, 새순이 돋는 찔레나무, 휘휘 늘어진 버드나무, 초췌한 낙엽송, 빛이 바랜 청미래덩굴의 희뿌연 열매도 보인다.

하나하나가 우리 나무와 다를 바가 없다. 바위도 희끗희끗 여기저기에 놓여있고 함께 어울려 자신들만의 형상을 만들고 있다. 그러고 보면 바위들도 크게 다를 바가 없지 싶다. 하지만 어딘가 같은 듯싶어도 다르다.

이처럼 산도 마찬가지로 같은 듯 다른 데가 있다. 다른 듯 같은 모습도 있다. 그들이 하나의 환경을 만든다. 환경이 사람을 적응하게 한다. 나무며 바위며 같은 듯싶어도 얼굴이 다르듯이 조금씩은 다를 것이다.

우리나라 같은 좁은 국토에서도 어느 지방은 무뚝뚝하다고 하고, 어느 지방은 사근사근 눈치 빠르다고 하고, 어느 지방은 이래도 좋고 저래도 좋다는 식이다. 지역의 오랜 환경과 전통과 식생활습관 등에서 달라진다.

친환경적 지배를 받거나 은연중 닮아가며 크게 벗어나지 못할 수밖에 없다. 하물며 우리와는 백 배 가까운 넓고 넓은 중국대륙인데 오랜 세월을 흐르면서 같지 싶어도 차이가 비쳐지는 것은 너무나 자명한 일이다.

노산의 바위가 만들어 낸 풍경.1

물론 여기도 사람이 사는 곳이기에 때로는 대동소이하게 다가서고 때로는 동질감이 섞여 있으므로 잔잔한 미소로 그럴듯하게 받아들여지기도 한다. 하지만 때로는 신비하고 새롭고 진지하며 엉뚱해 당황스럽기도 하다.

대단한 코스는 아닌데 오늘 따라 다리가 후들거리게 힘에 겹다. 식은땀이 주르르 흐른다. 속이 메스껍다. 그래도 팀원에게 짐이 될 수는 없다. 한 발 한 발 계단을 오른다. 노산을 밟으며 오른다. 중국을 밟고 오른다.

중국의 산에서 주책없이 땀을 흘리고 숨을 몰아쉰다. 백두대간을 비롯하여 나름 많은 산을 오르내렸지만 아직도 이렇게 흘릴 땀이 남아있었구나. 우리나라에도 좋은 산이 많은데 그곳에서 더 많이 흘렸어야 했는데 싶다.

그래, 이렇게 직접 보아야 제대로 보이고 느끼며 생각나게 하는 것이 있다. 그것만으로도 오늘 노산을 오르며 얻는 가치가 있다. 안에서는 모른다. 우물 안 개구리다. 남의 것을 볼 줄 알아야 내 것도 제대로 본다.

늦은 시간도 아닌데 자연 속에 북적거렸을 인간의 소리며 손때 묻은 계단까지 모두가 고요에 묻히고 호젓하다. 존재하는 것은 나와 자연이다. 펼쳐진 모든 것들은 그저 바위뿐이고 그 속에서 노산의 진면목을 찾는다.

인생이 그러하듯 길도 때론 갈등의 기로 앞에 놓인다. 갈래를 만나면 그것은 잠시 쉬어가도 좋다는 신호가 되기도 하지만, 한 편으로는 정신 줄 놓지 말란 경고의 뜻도 된다. 또 어느 쪽인가 선택의 순간이기도 하다.

노산의 바위가 만들어 낸 풍경.2

노산(嶗山) 트레킹 · 2

정신없이 앞만 보고 가다가는 자칫 갈 길을 잃을 수도 있다. 인생도 그러하지 않는가. 오로지 쉼 없이 눈앞의 것에 몰입해 달려가다 보면 가끔은 내가 지금 어디쯤 있는지 삶의 방향을 놓치고 혼미해질 때가 있다.

산속에서 나무를 보고 바위를 보고 숲을 보고 바람을 맞으며 산을 보듯 옆을 둘러보고 뒤돌아보면서 그간 지나온 자취도 훑어보는 여유 아닌 여유를 부려야 하는 것이 인생행로가 아닌가 싶다. 철퍼덕 주저앉는다.

큰 산에 들거나 큰 나무 곁에 있으면 위축된다. 하지만 작은 들꽃이나 들새를 보면 괜스레 우쭐해질 때가 있다. 큰 것들 중에 작은 것보다는 그래도 작은 것들 중에 큰 것으로 군림하는 것이 좋다는 망상에 젖어본다.

돌이라고 바위라고 얕잡아보지 마라. 돌도 때로는 멋을 부리는 꽃이 된다. 저처럼 늠름한가 하면 생명력이 담긴 듯 정교하니 자연예술품이 된다. 그냥 무뚝뚝하기만 한 것이 아니다. 때로는 감동적으로 다가서기도 한다.

무표정한 돌이지만 지나는 비바람을 잡아놓고 시나브로 세월을 깎듯이 스스로 변화하고 있다. 하지만 사람은 너무나 약삭빨라서 너무 자주 변하고 변하다 보니 더는 변할 수가 없는지 제자리걸음만을 하고 있지 싶다.

돌은 주절주절 표현은 직접 못해도 온몸으로 전하는 메시지가 있다. 저 산자락 저 능선의 돌들을 보아라. 그냥 단순한 돌이 아니니다. 혼자 또는 함께 어우러져서 뭔가를 내보이며 은연중 호기심의 시선을 당기고 있다.

노산은 온통 돌의 전시장으로 돌이 볼거리고 돌이 자랑이고 돌의 문화로 지금도 한창 돌잔치 중이다. 돌의 축제한마당이다. 그 속에서 돌이 되어 보고 돌에 취해 볼 일이다. 노산서 돌을 빼놓으면 이야기가 되지 않는다.

앞에 간다고 길바닥에 떨어진 것 모두를 먼저 보고 주울 수는 없다. 산길을 그렇게 많은 사람이 앞서 갔어도 막상 산삼을 캐는 사람은 따로 있다. 보이는 사람, 주인은 따로 있는가 보다고 대개는 얼버무리기도 한다.

노산 정상의 선천교 건너 팔각정

그처럼 더러는 흘리고 더러는 뒷사람을 위하여 남겨놓듯이 지나쳐야 한다. 그래야 뒷이야기를 들으면서 못내 아쉬움으로 남는다. 아쉬움이 남아야 마음에 충동질이 일면서 또 다시 찾아올 명분에 계기를 만들기도 한다.

산고양이 한 마리가 저만큼 나타났다. 아주 느긋하게 여유를 보이고 슬금슬금 눈치 보며 다가온다. 배가 몹시 고픈 모양이다. 뭘 좀 얻어먹고 싶은 모양인데 지금은 마땅히 너에게 줄 것이 없구나. 조용히 돌아선다.

쉼터인 몇몇 정자를 거쳐 자광동굴이다. 케이블카로 10분 거린데 두 시간이나 넘어서야 도착했다. 잠시 조망을 한다. 바위가 온갖 교태를 부리며 몸매 자랑이다. 다시 계단을 타고 오른다. 점점 발걸음이 무거워진다.

이문(離門)을 지나고 이문삼거리다. 의자에 털썩 주저앉는다. 일부는 왼쪽 곤문(坤門)으로 간다. 오늘은 도저히 안 되겠다. 가파른 지름길로 끝내 정상(1132m)이다. 태산이 아무리 좋다 하여도 노산만 못하다고 하였다.

산세의 빼어난 경관을 우리의 설악산에 견주기도 하는 노산이다. 그만한 사정이 있었겠

노산의 정상과 팔각정

지만 앞쪽 봉우리에 군사시설이 자연을 아프게 한다. 사방을 휘둘러 본다. 낯선 돌 뿐이지만 당돌하면서도 새로움이 묻어났다.

아래쪽에 있는 선천교를 건너 팔각정으로 갔다. 오직 바람만 오갈 뿐 아무도 없다. 난간을 잡고 저 아래를 하염없이 내려다본다. 순간 속이 느글거리며 좋지 않다. 끝내 우액우액, 조금 먹어둔 음식까지 토악질을 했다.

억지로 밀쳐 넣은 점심과 환약과 초콜릿이 뒤섞였을 것이다. 함께 할 수 없다고 실랑이하다 과감하게 뱉어낸 것이다. 그런데 하필 노산의 정상에서 이런 추한 꼴을 보이다니. 그래도 헐렁해진 뱃속은 다소 편안해졌다.

뜬금없이 오월동주란 말이 스쳐간다. 앙숙이지만 더 다급한 일로 둘의 관계는 다음으로 미루고 동지가 된다. 내 뱃속도 잠시 그런 관계였는지 모른다. 함께 끌이고 있다 버릴 것은 과감하게 버리는 모양새가 되었다.

오르기 전부터 몸의 상태가 좋지 않았지만 일정에 차질이 없고 팀원에게 피해를 주지 않도록 나름 열심히 정상에 오르고 나니 뱃속이 폭발한 것이다. 이제 고스란히 남겨두면서 아니 온 듯이 조용하게 내려가면 된다.

되돌아가는 길에 케이블카는 손님이 없어 단축운행으로 끊겼다. 끝이 보이지 않게 아래로 이어진 한가로운 돌계단을 터덜터덜 내려간다. 해는 저물어 가는데 사람은 오지 않고 마지막 셔틀버드가 떠난다고 윽박질렀다. — 2014. 03. 19.

태산(泰山) 트레킹 · 1

주민 오백만이 넘는 태안은 넓고 아늑하게 다가서는 농촌도시다. 한국보다 먼저 봄이 왔지 싶다. 영춘화, 개나리, 목련, 매화꽃이 활짝 피었다. 버드나무가 초록빛 몸매를 뽐내며 활기를 불어넣는 싱그러운 아침이다.

마침내 태산 앞에 섰다. 그에 걸맞은 문전 조형물이다. 웅장한 산이 딱 버티고 기다린다. 산자락에 벚꽃이 만개하여 꽃밭을 이룬 성싶다. 그러나 다시 들여다보면 사방팔방 바위들로 돌꽃, 온통 돌산으로 바위꽃이다.

그동안 입안에서만 뱅뱅 돌던 태산을 오른다. 태산에 못 갈 것도 없고 못 오를 것도 없다. 이제 오르고자 하는 의지만 남았다. 천 리 길도 한 걸음부터이듯 밑에서부터 차근차근 서두르지 말고 오르고 오르면 된다.

중국에서는 동악(태산), 서악(화산), 중악(숭산), 북악(항산), 남악(형산)을 으뜸 산으로 5악이라 부른다. 그 중 동악인 태산은 오악지장이요 오악독존으로서 유네스코 세계문화유산과 세계자연유산에 동시 지정되었다.

어제와 달리 하늘은 높고 푸르다. 몸은 다소 가뿐해졌지만 이따금 배가 살살거린다. 그래도 이번 여행의 메인 코스다. 태산에 오르는 날이다. 하나하나 바위들도 신비가 서리고 전설 같은 사연들을 담고 있을 터이다.

태산의 정상 옥황묘에서

굽이굽이 셔틀버스를 타고 20분쯤 올라야 중천문이다. 잠시 갈등을 느끼는 곳이다. 케이블카로 20분쯤 가볍게 오를 것인가, 천국을 오르듯 한 계단 두 계단 만 개에 가까운 계단을 오를 것인가 결정의 순간이다.

옛사람들에게는 저런 호화스러운 계단도 없어 험한 길을 땀 뻘뻘 흘리고 허리 두드리며 쉬엄쉬엄 시간과 함께 고행하듯 올랐을 것이다. 지금은 127위안이면 계곡을 내려다보며 나무 위로 하늘을 날듯이 오른다.

계단은 화강암을 철도침목처럼 반듯반듯하게 깎아 능선을 돌고 계곡 따라 굽이굽이 돌사다리 놓듯 연이어졌다. 저 돌 하나하나도 인력으로 어깨에 메고 날랐을 것이다. 바닥이 미끄러울까봐 쪼아 곰보를 만들었다.

돌밭에 돌을 가져다 놓고 오르내리며 수없이 밟아대니 돌도 닳고

닳아 일부는 미끄러워 조심스럽다. 돌도 저렇게 변하는데 사람의 마음도 갈고 닦으면 언제든 바뀔 수밖에 없다. 그래서 마음을 닦고 수양을 한다.

케이블카가 끝나는 지점이 남천문이다. 남천문에 들어서면 정상에 이르기까지 개발을 하여 상가까지 들어섰다. 잠시 천상에서 내려다보듯 둘러보면 허연 산자락을 타고 내려가면서 태안 시내가 한 눈에 들어온다.

계단을 타고 헐떡거리며 오르는 모습들이 자랑스럽기도 하다. 하지만 계단이 끝난 것이 아니다. 이런저런 건축물들을 지나며 이젠 정상을 향해 다시 올라야 한다. 공자묘가 있고 송나라 때 벽하사 사찰도 들러본다.

유난히 붉은 색을 좋아하는 중국인은 여기도 돌을 깎아내고 붉은 글씨로 격문이라도 걸듯 어지럽게 새겨놓았다. 표지판 일부에 한글로 병기하는 배려도 보인다. 한무제가 천제임을 입증하는 거대한 무자비(백비)다.

뒤쪽으로 계단을 올라서면 1545m 태산의 정상인 옥황정이다. 옥황묘의 문을 들어서자마자 작은 사각의 울타리에 행운을 염원하는 큼직큼직한 자물통들이 주렁주렁 매달려 예사롭지 않은 분위기를 연출하고 있다.

그 안쪽으로 중국인들이 운수대통 소원을 빌며 동전을 던져 넣는다. 한 귀퉁이 나무 섶에는 지전이 꽂혔다. 마침 바람이 불며 바닥에 1위안이 나뒹군다. 얼른 주워들었다. 어렵사리 왔다고 내려진 선물인가 보다.

앞으로 나아가니 옥황대제 불상이 모셔졌다. 감히 똑바로 올려다 볼 수조차 없는 위엄인가 너무 눈이 부시다. 이곳에서 최초로 중국을 통일한 진시황이 천제를 지냈을 터이다. 그로부터 2,200여 년이 유수처럼 흘렀다.

오늘에야 정상에 올라섰다. 한 계단 한 계단 수천 개의 계단을 밟아야 비로소 정상에 오른다. 천천히 고개를 들어 위를 본다. 다름없는 하늘이 있고 아래에 태산이 있다. 아니 이제는 내 발밑에 태산이 있는 것이다.

오늘에야 태산에 올랐지만 어디 그냥 태산이라더냐. 우리나라 그 어떤 산보다도 더 친숙하게 여겨졌는데 이제 70이 가깝다. 누구는 산에 오르기 딱 좋은 나이인데 하며 자조하는 것인지 위로하는 것인지 모르겠다.

태산에 기가 죽어야만 했던 대국에 대한 소국이란 말 못할 시대적인 아픔도 어딘가 지니고 있었을 것이다. 그러나 이제 훌훌 털고 요것조것 살피며 들여다본다. 끝내는 하늘 아래 뿐 아니라 발밑에 태산이 되었다.

태산이 높다하되 하늘 아래 뫼이로다
오르고 또 오르면 못 오를 리 없건마는
사람이 제 아니 오르고
뫼만 높다 하더라

— 양사언

양사언((陽士彦)은 조선조 선조 때의 문인이요 서예가이다. 그가 직접 태산을 답사까지 하였는지는 모르겠으나 태산에 관한 시조를 남겼다. 불후의 명작으로 우리의 입줄에 오래도록 자연스럽게 오르내리고 있다.

일상에서 해결해야 할 일이 너무 많거나 복잡해 걱정이 크면, 스스럼없이 「걱정이 태산이다」 라고 한다. 또 「티끌 모아 태산이다」 하면서, 아무리 작은 물건이라도 조금씩 쌓이면 나중에 큰 덩어리가 된다고 한다.

「태산 명동에 서일필」이란 말도 있다. 태산이 쩡쩡 울리도록 야단법석을 떨었는데도 결과는 생쥐 한 마리가 튀어나왔을 뿐이라는 뜻으로, 아주 야단스러운 소문에 비하여 결과는 별것 아닌 것을 비유하는 말이다.

우리나라에는 태산보다 더 높고 더 훌륭한 산들이 많이 있다. 그런데 어찌하여 하필 중국의 태산을 끌어다가 시문을 짓고 비유하였을까, 곰곰이 되새김질해 본다. 실지로 중국인들처럼 태산을 그리 좋아했을까.

사실 태산이 그냥 막연하게 중국에 있다거나 그런 사실조차 모르는 사람도 많다. 아마 사대사상에 흠씬 젖은 사대부가 은연중 대국을 섬기는 마음에 그랬던 것이 자연스럽게 이어져 오고 있지 않나 싶기도 하였다.

한국에도 좋은 산을 많이 두고 하필
중국 태산을 스스럼없이 찾은

뼈에 맺힌 사대사상
중국의 문화 중국의 명산을
빼놓을 수 없었는지
시대적 아픔 지녔을 근원지서
발밑에 태산이었다고 바꾸어 부르네.

— 태산을 떠나며

태산의 정상 옥황정에서

태산(泰山) 트레킹 · 2

태산은 그 명성만큼이나 품이 넓어 주변을 아우르고 있다. 태산에서도 가장 조망이 좋다는 일관봉이다. 운해를 바라보노라면 덩실거리는 구름바다의 아름다운 풍경에 사르르 취하여 여기가 선경이지 싶었다고 한다.

명물로 인기를 끌고 있는 자연조형물인 공복석이다. 공복석은 직립했던 석암이 중력의 영향을 받아 꺾이면서 북쪽으로 기울어졌다. 벼랑 끝에 좀은 불안한 자세이지만 어찌 보면 태산을 지키는 돌대포 같기도 하다.

첨노대다. 공자가 여기서 노나라를 멀리 바라본 적이 있다고 한다. 일찍이 성현이 나라를 걱정하던 자리이다. 훗날 우리는 무엇을 보고 걱정을 하고 있을까. 다만 저 앞을 내려다보면서 펼쳐진 풍경을 만끽하고 있다.

정상 주위를 한 바퀴 돌며 사방팔방을 조망하는 재미 또한 쏠쏠하다. 감상할 풍경이나 유물도 많지만 금강산도 식후경이라고 다시 남천문 쪽으로 내려가 식당으로 간다. 식당은 북적거리는 사람들로 시끌시끌하다.

전통 중국음식인지는 모르겠다. 아무래도 산상에서 차리려니 물자수송이 쉽지만은 않았을 것이다. 다소 초라한데다 식사하는 사람 숫자만 헤아린다는 느낌이 든다. 그래도 때가 되었으니 달리 방법이 없지를 않은가.

식당 바깥 나무에 까치집이 여러 채 있고 새봄을 준비하는지 드나들고 있다. 고산지대에서는 대개 까마귀가 살고 그것도 인적이 드문 곳에서 이따금 소리나 내지르는데 이곳에서는 흉허물 없이 까치가 함께 지낸다.

이제 능선을 타고 하산을 하여야 한다. 급할수록 시간은 더 바삐

태산의 칼바위 능선

가지 싶어 야속하다. 아직 볼거리가 많이 남았는데 짧은 일정으로는 모두를 충족할 수 없다. 여기서 미련을 접어야 한다. 때로는 아쉬움도 추억이다.

다시 정상 쪽으로 올라가며 휘둘러본다. 하나라도 더 더듬거려 본다. 하지만 아무리 어렵게 오고 힘들게 올랐어도 그냥 툭툭 털고 떠나야 한다. 이것이 여행이고 이것이 산행이다. 모두 내려놓고 마음에만 담아간다.

한국인 전용 등산로가 만들어졌다. 그런데 재작년에 산불이 나면서 통제를 한다. 철조망이 앞을 굳게 가로막고 있지만 통행이 가능하단다. 본의 아니게 철조망을 살짝 넘었다. 북사면으로 정말 외지고 한가로운 길이다.

비로소 산행의 맛이 난다. 저 아래로 하얗게 뾰족뾰족 날카로워 보이는 산줄기가 소위 칼바위능선이다. 저곳을 지나는 짜릿짜릿한 맛에 태산 트래킹을 한다고 한다. 지금 우리가 저곳을 향하여 거침없이 내딛고 있다.

처음에는 그냥 가파른 산자락을 하산하지 싶었다. 여느 산과 다름없이 평범하니 좀은 싱겁게 끝나는 것 같았다. 잠시 전망대에서 숨을 고르며 주변의 경관에 흠씬 빠져도 보고 마음 추스르며 여유 있게 휴식을 취했다.

마침내 험난함을 예고하는 바위들만의 산자락이다. 자연스럽게 열세 명이 한 줄로 늘어섰다. 지난해에 등산로를 정비하며 통로처럼 양쪽으로 지주를 세우고 잡기에도 버거울 만큼 굵은 쇠사슬로 묶어

태산의 칼바위 능선에서

놓은 외길이다.

쇠밧줄을 생명줄처럼 바들바들 떨리도록 꽉 잡고 오르내려야 한다. 저런 뾰족한 바위능선에 과연 길이 있을까 싶다. 그래도 요리조리 빠져 다닐 만큼의 여분은 있다. 바람이라도 세게 불면 휘청휘청 날아갈 것 같다.

짙은 안개에 휘덮이면 헛발질에 허공을 날고 비라도 내리면 미끄러워 그대로 추락할 것 같은 아주 위험한 길이다. 그래도 사람들은 그런 위험을 모험하며 짜릿한 쾌감을 느끼기에 애써 도전을 멈추지 않는 것이다.

첫 번째 정상에서의 조망은 또 다른 감회를 부른다. 저 위가 좀 전 태산의 정상 옥황정이었지만 그리 대단치 않아 보인다. 깎은 절벽에 깊은 계곡이 오히려 현실적이다. 나무들의 그 무한한 생명력에 경외감을 느낀다.

이제 내려가야 한다. 사실 바위산은 오르는 것보다 내려가는 것이 더 부담스럽다. 비록 짧은 구간이라도 많은 시간을 들여 내딛는 발길이 그리 시원스럽지만은 않아 보인다. 아니 어딘가 조마조마 불안하기까지 하다.

그래도 여러 사람이 앞에서 감싸고 뒤에서 보살피며 응원하는 바람에 무사하게 내려섰지만 저마다 등짝이 후줄근하게 땀이 흐르고 있다. 또 하나 능선이 있지만 앞에 것보다는 못하지 싶어 자신감에 거뜬히 넘는다.

그래, 매 순간순간마다 온갖 마음이 교차하는 짜릿짜릿한 칼바위 능선을 거쳐 하산하면서 산행의 묘미를 마음껏 누렸다. 태산의 구석구석 새로운 면면을 슬쩍 엿보는 뿌듯함을 안고 산행은 계곡에서 서서히 벗어났다. ― 2014. 03. 20. 춘분 전날

청도(青島) 돌아보기

태산 트레킹 후 피로한 몸으로 태안에서 청도까지는 5시간 가까이 달려야 한다. 태안은 봄이 점점 깊어가고 있다. 한참 꽃들이 다투어 피어나고 있다. 넓은 들녘 저만큼 시퍼런 보리밭이지 싶다. 싱그러움을 더한다.

미루나무가 인상적이다. 60년대에 많았는데 어느 때인가 사라지고 찾아보기 쉽지 않다. 그런데 이곳은 그때의 우리나라처럼 냇가까지 계획 식재를 하고 있지 싶다. 나름 쓰임새가 있기에 환영을 받고 있는 것이다.

중간에 휴게소에 들렀다. 밤하늘에 별들이 총총하다. 저토록 또랑또랑한 별들을 보기 쉽지 않은데 아무래도 공해가 적은 모양이다. 북두칠성 별자리도 뚜렷하니 친밀감으로 반짝거린다. 우리의 밤하늘과 다름없다.

청도의 아침이다. 호텔 로비에서 한국인이 관심 있게 다가온다. 충북 진천이 고향인데 IMF 직후 울며 겨자 먹기로 사업자를 따라와 납품을 하고 있다고 한다. 한동안 그런대로 괜찮지 싶었는데 요즘은 어렵다고 한다.

청도에는 우리 기업이 많이 진출하였다. 인건비도 싸고 많은 혜택을 부여받으며 중국기업을 선도하였다. 그런데 주위 여건이 많이 바뀌고 중국 기업에 추월을 당하며 이제는 가차 없이 뒷발길질을 당하고 있는 것이다.

단물은 다 빼먹고 뱉어버리는데 어쩌랴. 그 설움을 누가 받아주랴. 어디다 내놓고 하소연하며 마음껏 울어나 보랴. 그래도 내 조국 내 나라면 이렇게 서럽지나 않을 텐데. 오퍼상을 데리고 나가는 뒷모습이 씁쓸하다.

청도 시내관광을 나선다. 인구가 800만을 넘어섰다고 하니 결코 작은 도시는 아니다. 대부분의 도로는 시원스럽게 쭉쭉 뚫렸지만 번화가인지 교통체중에 주차난은 여기도 어쩔 수가 없는 모양새다. 지하철 공사다.

청도의 소어도공원에서 본 풍경

허름한 건물 앞에 노동자들이 북새통을 이루는 인력시장이 들어온다. 취업난이 극심함을 볼 수 있다. 하루 품 팔기 위해 몰려들었지만 그마저도 마땅치가 않아 오전이 다하도록 죽치고 있는 것이다. 나에게 일을 달라.

시원한 바닷가를 지난다. 저만큼 큼직한 다리가 들어온다. 2011년에 완공된 마라톤 코스만큼이나 길고 긴 세계 최장의 해상교다. 저 위를 달려보고 싶다. 코발트빛 바다와 푸른 하늘 사이 다리로 날아가는 것이다.

같은 바다를 놓고 우리나라에서는 서해다. 간만의 차가 심한데다가 물이 탁하다보니 아예 황해라고 부른다. 그러나 중국에서는 동쪽에 있으니 당연히 동해라 할 것이다. 그런데 청도의 바다는 이름처럼 푸르고 맑다.

청도는 백여 년 전에 독일인들이 들어오며 그들의 식민지가 되었다. 그들은 맑고 좋은 물로 독일 전통맥주를 만들기 시작했다. 청도맥주박물관 견학이다. 견학보다는 두어 번 시음으로 내어주는 맥주가 일품이다.

아침부터 강하면서도 톡톡 쏘는 맛이 괜찮다. 그동안 뱃병에 계속 시달렸던 터라 조심스럽게 두어 잔 마셔본다. 홀쭉해진 뱃속이 짜르르하며 급하게 취기가 올라온다. 조금은 걱정스러우면서 몽롱해지는 기분이다.

소어도(小魚島) 공원이다. 비록 아주 작고도 작은 바닷가에 공원이지만 60여 미터 높이의 섬이었던 정상에 세워진 팔각정 3층에 오르면 조망 하나는 결코 빼놓을 수 없는 절경으로 속이 후련하게 뚫리는 기분이다.

독일인이 살았던 유럽풍 건물들을 보노라면 유럽에 있는 듯이 잠시 넋을 놓고, 중국인의 붉은 기와집들을 보노라면 여전히 동양에 머물고 있음을 실감한다. 잔교가 들어오고 해수욕장도 빼놓을 수 없는 풍경이다.

정자를 돌아가며 구시가와 신시가가 바다와 함께 어우러지고 동서양이 시대를 초월하여 과거와 현재가 만난다. 산과 바다가 서로 보완하듯 끌안고 다소곳이 자리 잡았다. 한 폭의 그림에 금세 매료되어 빠져든다.

짝퉁(찌모루) 시장을 찾았다. 중국하면 먼저 떠오를 만큼 짝퉁이 아니던가. 복잡하고도 아주 허름한 시장건물이다. 지하에서 2층까지 고만고만한 상점들이 빼곡하게 들어있다. 별것이 아닌 일상품으로 생계를 잇는다.

점심식사는 비닐에 꼬깃꼬깃 싼 반찬을 풀어놓고 빵, 계란, 만두를 먹기도 한다. 흘끔흘끔 강렬한 눈빛이 좀은 떨떠름하다. 비좁은 길에 몇 안 되는 손님을 놓고 신경전이다. 물건 값은 호가에 절반이하로 되받는다.

여기서는 아무리 진품이라도 가품이란 선입감에서 믿음을 줄 수 없지 싶다. 속이고 속아야 한다. 상품의 진위에 속고 가격의 적정성에 속아야 한다. 그러니 선뜻 마음을 열 수 없다. 이러다 사람까지 짝퉁이 된다.

바깥으로 나온다. 노점상들이 한 몫을 거든다. 여기는 짝퉁이 아니라 서민들의 생활전선이다. 식사조차 제대로 할 수 없는 노파까지 웅크리고 있다. 파인애플 한 덩이도 통째로 살 수 없어 4등분해 사고 팔고 있다.

한국인 상가도 있다. 의류며 식당까지 손쉽게 접할 수가 있다. 그러나 대낮이라 이용객은 별로 없다. 귀퉁이에 한국인이 좋아하는 장뇌삼에 비아그라며 약재들도 보인다. 그들이 결코 정품이 아닌 줄 알며 찾는다.

도로가 웅성웅성 시끄럽다. 소극장에서 가수 오디션 중이다. 시장문화를 눈여겨보면 서민들의 삶을 굳이 묻지 않아도 무엇을 먹고 어느 수준에 어떻게 살아가는지 짐작할 수 있다. 저자거리를 떠나야 할 시간이다. — 2014. 03. 21.

청도서 페리호에 몸을 싣고

예정 시간보다 30분쯤은 늦어진 오후 7시 5분경에 배가 항구를 떠났다. 나는 이쯤에서 청도를 떠나보냈다. 나는 배에 가만히 앉아있는데 자꾸 청도는 저만큼 멀어져 갔다. 잘 가라고 손짓하다 갈매기를 띄워 보냈다.

바다에서 바다를 보며 수평선을 본다. 갈매기며 일렁거리는 물결에 파도가 밀려든다. 내닫는 바닷바람을 고스란히 맞는다. 거기 무수히 쏟아지는 햇살을 거부하지 못하고 조우하면서 금빛 반짝이는 물살이 타고 넘는다.

뚫어져라 들여다본다고 훤히 보이는 것은 아니다. 겉모습과 속이 전혀 다를 수가 있다. 앞과 그 이면은 상반될 수가 있다. 잔잔한 듯싶어도 요동칠 수 있고 요동치는 듯싶어도 잔잔할 수 있다. 수시로 변하는 바다다.

저 반짝이는 물결을 보라. 갈매기의 날갯짓보다 더 유연하지 않은가. 허구한 날 파도로 부딪치며 갈고 닦아 뼈다귀 같은 응어리만 남은 것일까. 하지만 고통스러움보다 넘실거리는 모습에서 망중한의 여유가 묻어난다.

바다에서 바다를 본다. 작은 섬을 본다. 저 멀리 들어오는 수평선을 본다. 하늘같은 바다를 보고 바다 같은 시퍼런 하늘을 본다. 둥둥 떠다니는 구름을 보고 섬을 본다. 잠시도 멈추지를 못하고 출렁거리는 물결을 본다.

바다를 본다. 하늘을 본다. 짭짜름한 바닷바람에 내 마음도 간간해졌으면 좋겠다. 저 너울거리는 물결처럼 여유로웠으면 좋겠다. 지나는 바람처럼 거침없이 훡훡 지나가듯이 잊고 버릴 것은 저렇게 지나쳤으면 좋겠다.

물결은 저렇게 요란하게 해안으로 밀려오거나 갯바위에 부딪쳐 산산조각이 나며 흩어지나 싶다가도 금세 아무렇지 않게 하나로 다시 결합되며 일사불란하게 움직인다. 저것은 불만의 표출이나 반발이나 다툼이 아니다.

그냥 일상의 몸짓이고 스스럼없는 표정이었을 뿐이다. 물과 햇살이 어우러져 이뤄내는 저 눈부신 물꽃처럼, 너랑 나랑 너무 깐죽거리며 생색내듯 티를 내거나 간격을 만들지 말고 그냥 어우렁더우렁 살아갔으면 좋겠다.

잠시 후면 일몰시간을 맞는다. 햇빛은 바다를 건너 나에게로 오며 금빛 융단을 펼쳐놓았다. 맑은 하늘이지만 수평선 끝자락은 해무로 지는 해를 감싸려한다. 강렬하게 내리 쬐던 빛 주위에 흐릿한 해무리가 생겨났다.

해는 눈부신 빛을 거두고 새빨간 알불덩이가 되어 서서히 해무 속으로 빨려들어 갔다. 그래도 처음에는 붉은 빛이 감돌았으나 점점 기력을 상실했는지 그마저 드러내지를 않았다. 온 세상은 서서히 어둠 속에 갇혔다.

뱃속에서 뱃속을 채운다. 술은 술을 부르고 화투는 돈을 불렀다. 보따리 장사꾼, 수학여행에 들뜬 학생들, 느긋한 여행객도 있다. 설렘에 아쉬움인지 가슴에 품은 크고 작은 사연을 한꺼번에 풀어놨는지 후텁지근하다.

밤이 깊어가도 잠을 이루지 못하고 오락가락하는 사람이 있다. 갑판으로 나갔다. 슬그머니 하늘을 올려다보았다. 별은 총총하지만 어제보다 작게 보인다. 그만큼 망망대해에 하늘은 높아지고 바다는 깊어졌을 것이다.

사방은 온통 어둠뿐이다. 조용할수록 바다는 더 목청을 마음껏 높이지 싶다. 새들도 지켜보는 사람도 없는 바다는 어둠이 두려워서가 아니라 밤을 깨우는 소리일 것이다. 아니 바다가 점점 깊어져 가는 소리일 것이다.

여기서 뱃길 따라 북동쪽으로 가면 북한이 멀지 않다. 봄이 온다고 아우성인데 해방 70년이 되어도 남북의 봄은 아직 멀었는가. 북한은 며칠 사이 누구를 위협하는 것인지 화풀이 하는지 연일 미사일을 펑펑 쏴 올렸다.

돈 덩어리를 거침없이 쏴 올리며 짓궂은 불꽃놀이로 저 혼자 즐기고 있다. 주민은 굶주림에 내몰리고 영양실조에 신음소리도 관심 밖이다. 군사적 갈등과 도발로 한반도를 싸늘하게 긴장시키며 눈길을 끌어당기려 한다.

저 물은 자유롭게 흘러 중국이며 북한을 오갈 것이다. 그 속에 헤엄치는 물고기는 여권 같은 것 없이 조류 따라 넘나들겠지. 바람도 새들도 마찬가진데 사람만 국가이익을 위해서라는 명분으로 통제를 받아야 하는가.

아무래도 나라마다 사람이 다르고 풍습이 다르듯이 그래도 산야는 달랐었다. 사람은 환경에 지배를 받고 적응한다. 나름 조금씩은 부딪치면서 변하지만 그래도 큰 틀에서는 벗어날 수 없는 그곳만의 특성이 살아있다.

하지만 저 흐르는 바닷물이나 하늘은 크게 다르지 않지 싶다. 하늘에 별도 달도 그 모습 그대로지 싶다. 그래서 지구촌은 하나라고 하는 것일까. 엊저녁에 보았던 북두칠성이 위치만 다소 다를 뿐 같은 자세를 보인다.

배가 물살을 가르면 허옇게 드러난다. 저 푸름 속에 빨간 피가 아니라 저리 하얀 속살이 있었구나. 바닷고기들은 푸른 물을 먹는 것이 아니라 저 하얀 속살을 먹는 것일까. 출렁거리는 물결을 타고 바다가 흔들린다.

마음이 뒤뚱거리는가, 뭔가를 급히 찾아 부둥켜안고 싶다. 가도 가도 바다는 언제쯤 끝나려나 싶다. 얼마나 되었다고 벌써 바다가 싫증나는 것일까. 숙달되지 않은 단조로움에서 벗어나고 싶은 게다. 눈길을 돌린다.

기관소리가 깊어가는 밤을 의식하며 숨소리를 높이고 바람은 거칠 것 없이 냉기를 남겨놓는다. 밤은 가고 조류는 흐르고 배는 자꾸

동쪽으로 가다보면 인천항에 닿으리라. 그렇게 4박5일의 청도 트레킹은 끝나리라.

이번 여행에서 돌을 실컷 보고 간다. 노산도 태산도 돌산인 바위산이었다. 계단을 실컷 오르내리다 간다. 노산도 태산도 끝이 보이지 않을 만큼 연이어진 돌계단을 밟고 다녔다. 계단은 현지 돌이 아닌 가공된 돌이다.

이번 여행은 단순한 관광이 아닌 등산을 우선으로 한 산악트레킹이었다. 그래도 처음의 염려와는 달리 좋은 날씨가 받쳐주어서 나름 목적을 달성했다. 가장 인상적인 코스는 아무래도 태산 칼바위능선이었다.

이번 여행은 처음부터 배가 아파 고전했다. 체기에 손마디를 따고 세 차례씩이나 정로환 등 약을 먹었다. 술은 물론 제대로 식사도 못하면서 설사라도 날까봐 조바심이 났었다. 배려해 준 팀원에게 감사함을 전한다. — 2014. 03. 22.

노산과 태산트레킹을 함께했던 13인

제2부

주말의 불청객

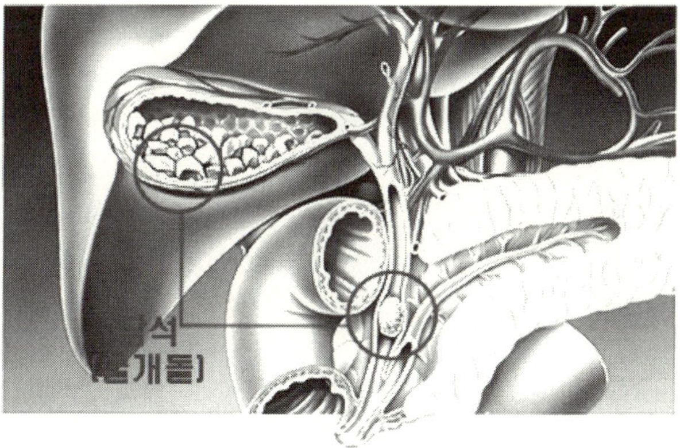

쓸개(담낭)와 담석

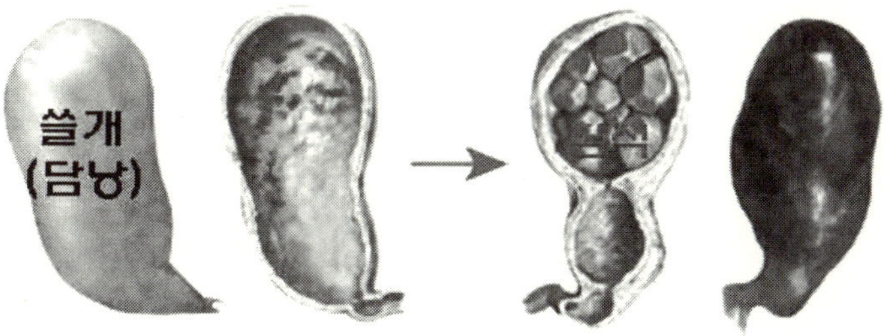

주말의 불청객

갑자기 가슴 한복판이 찢어지게 아픈 통증으로 나를 몰아세웠다. 처음에는 먹은 음식이 잘못 되어 식중독쯤으로 여기면서 몇 번쯤 설사를 하면 괜찮아지리라 여겼다. 실제로 화장실을 들락거렸으나 설사는 나오지 않았다.

주말이라 동네병원이 휴진으로 당직병원을 수소문하여야 했다. 의사는 증상을 물으며 진찰 결과가 예사롭지 않아 종합병원에 갈 것을 권하였다. 갸웃갸웃 곧장 대학병원응급실을 찾았고 4박5일 동안 그대로 붙잡혀 있었다.

마치 갈 수 없고, 가서도 아니 될 아주 멀고도 먼 세상에 갔다 온 것 같다. 보이지 않는 거대한 손에 의해 감금되었다 풀려난 것 같이 자유를 만끽하는 기분으로 홀가분하니 마음에서 몸까지 가뿐해 날아갈 것 같았다.

지난 4박5일은 결코 달갑지가 않았다. 그러나 거부하거나 피해갈 수 없었던 날들이었다. 언제쯤일지 몰라도 삶의 끝장이 가까워지면서 은연중 일어날 수 있는 과정이다. 엉겁결에 그런 날을 미리 둘러보았다고 여겨본다.

그런 면에서는 얼마나 다행스러운지 모른다. 막장드라마 같은 프로그램으로 정말 예고 없이 일어나고 일정한 수순에 따라 진행되었던 악몽 같은 4박5일이었다. 어찌 그런 일이 있어났는지 지금도 돌아보면 멍청해진다.

하지만 약간의 차이가 있을 뿐 누구에게나 언제든 일어날 수 있는 일이기도 하다. 그 어떤 것보다도 뼈아팠던 과정으로 잊히지를 않는다. 그러나 이런 과정이 좋은 경험의 바탕이 되어 삶에 버팀목으로 거듭날 것이다.

제주도는 벌써 여름장마를 알리는 첫 비가 내렸다고 한다. 이맘때쯤이면 어김없이 찾아오기에 당연하게 받아들인다. 그러나 장마에 얼마만큼이나 대비하고 있을까? 머잖아 장마로 인한 피해의 하소연이 반복될 것이다.

장마가 올 것을 알면서도 설마설마 소홀한 것이다. 때로는 준비를 해도 인력으로 감당할 수 없을 때가 있다. 하여 인재라고 아니 천재라고 책임전가에 안간힘을 쓰기도 한다. 그렇다고 피해가 달라질 것은 아무 것도 없다.

지난 4박5일은 삶에 장마보다 더 혹독한 날이 올 것을 미리 일깨워준 것이다. 알고도 미리미리 예방하지 않으면 열심히 살아가려는 삶에 돌발변수가 되고 발목을 잡혀 시련에 시련을 거듭하다가 중도 탈락할 수도 있다.

그렇게 되돌려보면 나쁘지만은 않았던 오히려 아주 값진 날들이었다. 이처럼 마음먹기에 따라 기억조차 떠올리고 싶지 않았던 일들이 놓칠 수 없는 좋은 추억처럼 둔갑하기도 한다. 어쨌거나 소중한 경험임에 틀림없다.

이제 건강에 좀 더 관심을 기울여야 할 때다. 지난 2년여 전에 큰 교통사고 때에 온몸 구석구석을 정밀검사 받았다. 지난 연말에는 생애전환기 건강진단으로 소위 4대 암검사까지 받았고 나름 열심히 등산을 하였었다.

이번에 다시 여기저기 검사받으며 건강상태를 체크한 셈이다. 하지만 오늘의 건강상태가 언제나 유지되는 것은 아니다. 가깝게는 내일은 내일 대로 달라질 수 있어 수시로 뒤바뀐다. 따라서 항상 소홀히 하면 아니 된다.

건강은 건강할 때 지키라는 말이 있다. 건강을 잃으면 모두를 잃는 것이란 말도 있다. 이런 좋은 말들을 모르는 사람들은 거의 없을 것이다. 하지만 말처럼 그렇게 행동으로 꼬박꼬박 옮기는 사람은 그리 흔치 않다.

그렇다면 너무 몰라서 못하는 것이 아니라 너무 잘 알아서 아니 하다가 일을 당하는 것이니 야속하다거나 누구를 탓할 일이 아니다. 하지만 막상 일을 당하면 잘잘못을 떠나 현실 앞에서 당황하고 후회할 수밖에 없다.

다시 작심삼일이 될지라도 건강의 중요성을 새롭게 일깨우면서 건강을 지키기 위해 좀 더 관심을 갖고 노력해야겠다고 다짐하게 된다. 이렇게 멀쩡하다고 아주 건강하다고 과신하다 언제 뒤통수를 얻어맞을지도 모른다. — 2014. 06. 18.

악몽 같았던 주말

금요일 오후에 수필문학회 모임이 있었다. 집을 나서면서 속이 더부룩하였다. 출간예정인 수필집교정을 끝내고 식사를 하면서 술은 내키지를 않아 마다하고 오로지 식사만 하였는데 돌아오는 길에 속이 메슥메슥하였다.

소화가 되지 않으면서 뱃속이 거북한가 싶더니 살살 아파오기 시작한다. 점점 강도를 높이며 끝내는 쥐어짜는 듯싶다가 다소 가라앉는다. 혹시 식중독이 아닌지 머릿속을 스쳐갔으나 그렇게 심각성을 느끼지 못했다.

그럭저럭 견디면서 저녁을 맞았고 밤은 깊어갔다. 뱃속은 기다리고 있었다는 듯이 요동을 치기 시작한다. 이따금 헛구역질에 화장실로 달려갔다. 금세 배설할 것만 같았으나 소식이 없는 마른 설사로 연습이었다.

확 토하든지 쏟아버리면 속이 시원할 것 같은데 이도저도 아니다. 내일은 토요일로 대청호 오백리길을 따라 걷기로 한 날이다. 다소 잠잠해지면서 그런대로 견딜 만하였다. 하지만 자정 넘어 새벽으로 가며 돌변하였다.

그래도 머릿속에서는 곧 가라앉을 거라 믿으며 아침이면 배낭을 짊어지고 룰루랄라 출렁거리는 푸른 호수를 바라보며 초록물결과 함께 거닐 마음에 한껏 위안을 삼았다. 그러나 몸은 점점 맥이 빠지며 어질어질해졌다.

새벽이 되니 다소 뱃속도 가라앉았다. 서둘러 나서고 싶었지만 아직도 뱃속이 완전히 정리되지 않은 상태에서 선뜻 나서기에는 무리이지 싶어 포기하는 쪽으로 가닥을 잡고 불참을 통보하면서 끝내 아쉬움이 남았다.

오전은 소강상태로 티브이를 보면서 건성건성 보냈다. 이제 곧 회복될 것 같았다. 그러나 오후가 되면서 다시 볶아대기 시작한다. 전에 없던 일이다. 조금은 당혹스럽기까지 하다. 오기가 발동하면서 누가 이기나 보자.

참고 견디었지만 아무래도 안 되겠다. 동네 가까운 내과라도 가야겠다고 집을 나섰다. 하루 사이 세상이 흔들흔들 달라 보였다. 그러나 어쩌랴, 병원마저 마음대로 되지 않았다. 토요일 오후라 이미 문은 굳게 닫혔다.

급한 대로 아래층의 약국으로 갔다. 엊저녁부터 가슴이 아프며 체기가 있다고 하니 소화제를 주면서 두 번 먹으란다. 이번에는 네 녀석이 견딜 수 없을 만큼 가슴이 팡 뚫려버릴 것이니 조금만 참자고 가만히 누웠다.

그러나 어찌된 일인지 예상은 빗나갔다. 약을 먹은 효과는 아무런 기별이 없고 오히려 잠잠해지나 싶던 뱃속을 건드려 화를 자초한 셈인지 성질을 바락바락 내나보다. 이러다 오늘밤에 시달림을 크게 받을 것 같았다.

마침 외출을 나갔던 아내가 돌아왔다. 구세주를 만난 것만 같다. 아직껏 내 초라한 몰골에 서둘러 병원에 가자고 한다. 이미 갔었으나 벌써 주말이라 문을 닫았다고 하니 그럼 당직병원이라도 찾아보아야겠다고 한다.

114에서 119로 문의하여 당직병원을 알아냈다. 같은 시내지만 막상 찾아가려니 그리 쉽지가 않아 이리저리 헤매다 겨우 찾아갔다. 어린 아이 때문에 동동거리는 마음만 앞설 뿐 경험 없는 젊은 엄마 몇 명이 보인다.

잠시 기다렸다가 의사 앞에 불려나갔다. 어디가 아프냐고 물어보며 한눈에 훑어보는 듯싶었다. 가슴팍을 가리키며 음식을 잘못 먹었는지 엊저녁부터 여기가 막 꼬이는 듯싶게 아프다고 자신만만하게 너스레를 떨었다.

그러나 진찰을 마친 의사는 정맥이 불규칙하게 뛴다며, 심장이 좋지 않으니 종합병원으로 가야한단다. 여기서는 고치 수 없을 만큼 심각하다니, 순간 아찔하였다. 의사의 소견서 한 장 달랑 들고 병원을 나서야 했다. — 2014. 06. 14.

대학병원 응급실

아직도 저녁 해는 제 몫을 다하려는 듯싶었다. 붉게 물들어 다소 크게 보였다. 평소 같으면 아주 환상적인 모습으로 비쳐져서 한참을 바라보고 있었을 텐데. 오늘은 그런 것이 무슨 의미가 있으랴 싶게 무관심해졌다.

어딘가 다급해 보이기도 하고 다소 느긋하기도 한 사람들이 오간다. 어디 주말에는 아프면 절대 아니 된다던가. 중얼중얼 대학병원에 들어섰다. 여기도 일반접수창구는 폐쇄가 되어 응급실체재로 운영이 되고 있었다.

불빛이 환한 쪽으로 다가가니 응급실이다. 접수창구에서 의사의 소견서를 내밀었다. 얼마 후 딱딱한 침상에 길게 누웠다. 어디가 아프냐고 한다. 언제부터 어떻게 아팠냐고 한다. 나는 무용담처럼 거침없이 펼쳐놓았다.

인턴인지 레지던트인지 고만고만한 사람들이 돌아가며 대여섯 번을 똑같이 묻는다. 나는 앵무새처럼 답했다. 한 편으로는 나를 실습상품으로 여기고 있다는 느낌에 불쾌하기도 하였지만 지그시 눈을 감고 기다렸다.

그동안 그렇게 명치를 비비꼬고 당기며 못살게 굴더니만 장소가 장소인 만큼 약삭빠른 녀석은 눈치가 빨라 더는 어쩔 수 없어서 도망치거나 납작 엎드렸는지 신기하게도 아무렇지 않다. 왜 여기 누워있나 싶어졌다.

조금 후에 주위가 정리되고 의견이 정리되었는지 한 의사가 앞으로 나섰다. 원인은 심장박동이 고르지 못하고 불규칙적인 상태로 부정맥이란다. 그런데 어쩌자고 체기라고 혼자 진단하며 여유 아닌 여유를 부렸을까.

곧바로 수술을 하기로 하였다. 나는 나를 제대로 지키지 못하였다. 더 나아가 마음대로 체기라고 단언하면서 적당히 넘어가려고 하였다. 참으로 부끄럽고도 죄인이 된 마음에서 맥없이 침상에 다리를 길쭉하게 뻗었다.

벌러덩 누운 침상은 수술실로 옮겨갔다. 떠밀려 가는 그 순간에 야릇한 기분이 들기도 했다. 따끔따끔 마취에 들어갔다. 나는 부정맥, 부정맥, 부정맥하며 마취에 빠져들었다. 그 사이 열심히 시술을 하고 있을 것이다.

괜찮으냐고 묻는다. 나는 퉁명스럽게 수술은 언제 하느냐 하였더니 끝났다고 한다. 아마 한 시간쯤은 흘렀나 보다. 어떤 통증이나 느낌마저도 없다. 눈치조차 채지를 못하였는데, 대단한 의술이라고 여길 수밖에 없었다.

수술 후 응급병실에 보내려 했다가 경과가 좋아서 일반병실 6인실로 갔다. 몇몇 환자들이 누워있다. 나도 침대에서 내려 나의 새로운 자리인 침상으로 갔다. 여기에서 며칠 동안 약을 먹으며 증상을 지켜보자는 것이었다.

수술이 잘 되어서인지 정말 거짓처럼 통증은 말끔하게 사라졌다. 가슴을 어루만져 보아도 아무렇지 않다. 이러니까 병원을 찾고 치료를 받는 것이다. 그런데 침상에 누웠더니 조금 후에 숨이 가쁘면서 옆구리가 아프다.

아마도 수술 후유증이거나 너무 피곤해서 그런가 보다며 곧 괜찮아질 것이라는 생각이었다. 대학병원의 입원실에 있는데 무엇이 걱정이냐는 생각이었다. 어깨를 조심조심 비껴 누워도 통증은 좀처럼 줄어들지 않았다.

간호사가 왔기에 명치의 통증이 옆구리로 옮겨왔나 보다고 하였더니 진통제를 가져다주며 곧 가라앉을 거라고 한다. 그러나 시간이 흘러도 별 차이가 없다. 당직 간호사를 찾아갔더니 의사 선생님에게 전하겠다고 한다.

잠시 후 의사 선생님이 찾아왔다. 상태를 물으며 배와 오른쪽 옆구리 주위를 손으로 꾹꾹 눌러가며 어디가 아프냐고 한다. 손길에 따라 아픔을 호소하였더니 아마 이것은 심장이 아닌 간 쪽에 문제가 있지 싶다고 한다.

내일 CT를 한 번 찍어보자고 한다. 잠자리에 들었다. 온몸이 후줄근하게 땀이 흐른다. 머리를 감은 것처럼 축축하다. 그러다가 조금 지나니 발바닥이 싸늘하도록 차갑고 몸뚱이가 서늘해지다가 다시 평온으로 돌아왔다.

CT 촬영

병원에 가면 드나드는 사람

모두가 마치 아픈 사람 같이 비쳐지기도 한다. 누구나 언제든 아플 수 있다. 그런데 나이가 들수록 이겨내기가 쉽지가 않으니 더 조심스러운 것이다. 막상 아픔이 밀려오면 만사가 귀찮아진다.

좋은 시간에 맞춰 아프라고 주문할 수도 없는 노릇이다. 하지만 아파도 평일에 아파야 병원이라도 제 때 마음대로 갈 수가 있다. 주말에는 당직병원뿐이어서 병원을 찾아 헤매거나 종합병원응급실로 가야 할지도 모른다.

어쨌거나 제 때에 병원을 제대로 찾아가는 것도 아주 중요하다. 병이라는 것이 주간보다는 야간에 점점 심하게 증상을 보이니 낮에는 적당히 미적거리다가 한밤중에 낭패를 당하기도 한다. 그래서 아픔이 더 야속하다.

간호사는 조그마한 통에 소변을 받아오란다. 처음에 나오는 소변은 흘려보내고 중간에 나오는 소변으로 담아야 한다고 당부를 한다. 소변도 마음대로 나오지를 않는다. 가까스로 나오는 소변의 양도 적은데 황토빛깔이다.

열이 있는지 귓구멍에 체온기를 들이댄다. 엊저녁 같으면 부글부글 끓어오를 텐데 괜찮은 모양이다. 피를 양쪽 팔에서 상당량을 뽑아간다. 혈압을 측정한다. 110에 70인 정상치로 괜찮다고 한다. 기본사항의 점검이다.

비록 이틀이지만 휴일은 끝나고 다시 월요일이다. 나름 휴식으로 한 주의 피로를 풀고 활기찬 모습으로 출근을 한다. 저런 당찬 모습들이 자신을 지탱하며 차질 없이 업무를 수행해 낼 것이다. 기다렸던 환자도 몰려든다.

주치의인 담당교수의 회진이다. 입원한 6명의 주치의가 각각이듯이 병명 또한 서로 다르다. 교수도 개성이 뚜렷하다. 팀장을 비롯하여 그 밑에서 직접 지도받고 있는 훗날을 기약하는 병아리 의사가 졸졸 따라 다닌다.

나의 담당교수님도 회진을 나왔다. 대뜸 어떠냐고 묻는다. 수술 후 경과가 궁금한 것이다. 실은 조금 일찍 팀장이 다녀갔다. 그가 먼저 보고를 하였을 터다. 그래도 절차상 하루 한두 번쯤은 직접 환자를 만나보는 것이다.

나는 재탕을 한다. 명치를 가리키며 아프던 이곳은 괜찮은데 그 아픔이 대신 옆구리로 온 것 같습니다. 여기저기 손으로 눌러본다. 부정맥과는 관계가 없으니 아무래도 간 쪽을 살펴보려면 CT를 한 번 찍어보도록 하지요.

군소리 없이 영상실로 옮겨 CT를 찍고 결과를 기다렸다. 얼마 후에 CT검사도 간은 외관상 이상이 없어 보이는데 쓸개에 약간의 염증이 있고 작은 담석이 비치는 것 같다는 것이다. 우선 쓸개 염증 약을 먹고 기다렸다.

쓸개염증은 약물로 치료하면 된다. 하지만 담석은 이 부분에 더 권위 있는 분이 있으니 상의를 해보겠다는 것이다. 얼마 후, 담석을 그냥 두어도 괜찮을지 제거 수술을 하여야 할지는 조금 더 두고 보아야 되겠다고 한다.

소규모 의원과는 달리 대학병원은 내과만 하여도 아주 세밀하게 분류되어 있다. 우선 심장 쪽의 심장내과와 소화기 쪽의 소화기내과가 담당영역을 달리하고 있다. 심장내과에서 소화기내과로 옮겨서 치료를 받아야 한다.

하루 사이에 내 이름은 환자다. 원하지 않았지만 대학병원에 입원한 몸이다. 보이지 않는 창살에 갇힌 것이다. 24시간 내내 환자복으로 갈아입고 지낸다. 일반인과 구분하여 한눈에 환자임을 즉시 알 수 있는 특권이다.

아무래도 병원은 환자의 세상이다. 환자가 우선이고 환자를 기준으로 시스템이 갖추어졌다. 여기에 근무하는 사람들도 환자를 돌보며 그들로부터 대가를 받아 생활을 하는 일터이다. 그만큼 환자는 왕으로 모셔야 한다.

병원이라는 곳이 멀쩡한 사람도 환자복을 입고 눕혀놓으면 어떤 구실을 붙여서라도 정말 환자가 되지 싶었다. 하지만 아무리 왕이라도 그런 왕 노릇은 싫었다. 하루 아니 한 시간이라도 빨리 병원에서 벗어나고 싶었다.

간과 쓸개

몸의 구조는 아주 복잡하지만 부정맥으로 문제가 되었던 심장과 쓸개에 관하여 살펴본다. 순환계통으로 심장, 혈관(동맥, 정맥, 모세혈관, 대동맥, 대정맥, 폐동맥, 폐정맥)과 혈액(혈장, 적혈구, 백혈구, 혈소판)이 있다.

간은 가로막의 바로 아래에 그리고 복강의 오른쪽 위에 있는 기관이다. 소화관에 딸린 가장 큰 장기로 좌엽과 우엽으로 나뉜다. 간은 탄수화물을 저장하고 단백질과 당의 대사를 조절하는 역할에 해독작용을 하고 있다.

소화계통으로는 소화관(입, 인두, 식도, 위, 작은창자(십이지장, 공장, 회장), 큰창자(맹장, 결장, 지강), 항문이 있고 소화샘(침샘, 이자, 쓸개, 간)이 있는데 쓸개(담낭)는 길이(약 8cm), 굵기(약 3cm) 정도의 주머니이다.

간과 같은 소화샘인 쓸개는 간의 아래쪽에 붙어있어 서로 불가분의 관계이다. 그래서인가 속된 말로 '간에 붙었다가 쓸개에 붙는다.'고 한다. 그 뿐이 아니다. 아예 '쓸개도 없는 녀석'이라고 강하게 몰아세우기도 한다.

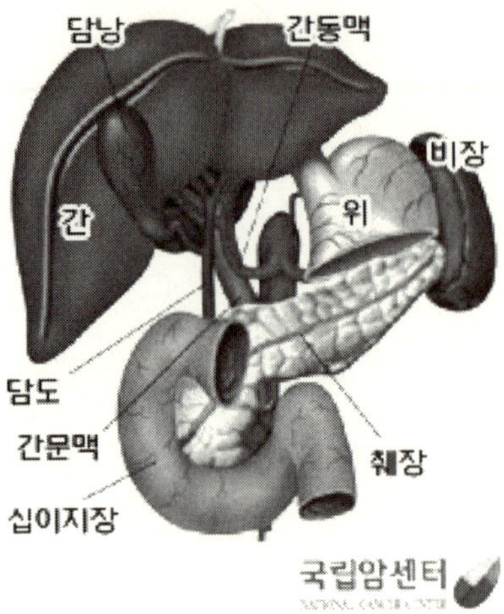

지조가 없거나 줏대 없는 사람을 '쓸개 빠진 인간'이라고 한다. 박쥐형 인간을 표현할 때도 간에 붙었다 쓸개에 붙었다고 한다.

흔히 오장육부가 튼튼해야 한다고 한다. 그래야 건강하다고 한다. 오장육부는 곧 내장을 통틀어 이르는 말이기도 하다. 오장은 간장, 심장, 폐장, 신장, 비장을 말하고 육부는 대장, 소장, 위, 쓸개, 방광, 삼초를 말한다.

또한 삼초(三焦)는 상초, 중초, 하초를 함께 아울러 이르는 말이다. 심장을 중심으로 한 흉부를 상초, 위(胃) 부근의 복부를 중초, 배꼽 아래 부분의 하복부를 하초라 한다. 삼초는 음식물의 흡수, 소화, 배설을 맡고 있다.

오장의 호칭을 이해하기 쉽게 항간에서 흔히 쓰는 말로 바꿔본다. '간장은 간'을 말하고, '심장은 염통'을 말한다. 또한 '비장은 지라'이고 '폐는 허파'이며 '신장은 콩팥'을 말한다. 이들은 우리의 장기인데 이따금 헷갈린다.

간에서 분비된 쓸개즙은 쓸개로 들어가 6~10배로 농축되어 저장되었다가 음식을 먹기 시작하면 30분 내에 전부 방출이 된다. 그 후에는 간에서 옮은 쓸개즙이 직접 분비된다. 따라서 쓸개가 없어도 소화에는 영향이 없다.

쓸개의 기능은 담즙을 저장 및 농축하고, 음식섭취에 맞춰 제때에 담즙을 십이지장으로 배출시키는 기능을 한다. 쓸개즙은 소화 작용을 돕는 액체로 쓸개즙과 이자액이 들어와 음식물과 섞인 후 작은 창자로 보내진다.

간에서 만들어지는 담즙은 장에서 지방분의 흡수, 콜레스테롤 평행유지, 노폐물 배출의 기능을 담당한다. 특히 지방의 분해에 좋다. 콜레스테롤 농도가 높아질수록 쓸개즙에 단단한 침전물이 생기는데 이것이 담석이다.

어느 하나 필요치 않은 것이 있으랴만 그 중에도 심장은 우리 몸의 중심기관으로 튼튼해야 한다. 심장소리만 들어도 그 사람의 건강 상태를 알 수 있다고 한다. 간의 기능은 아주 많다. 그만큼 위험에 노출되기도 한다.

아무리 좋은 음식을 많이 찾아 먹어도 소화를 못 시키거나 흡수하지 못하면 소용없다. 간은 잉여영양분을 저장하였다가 필요할 때 풀기도 한다. 쓸개(담낭)는 간에서 만들어진 쓸개즙을 담아두었다 필요할 때 내놓는다.

평소에는 잘 모르지만 어느 하나 고장이라도 나면 야단법석이다. 곳곳에 기능이 마비되기 때문이다. 그로 인한 부작용이 금세 나타나 제동을 걸게 된다. 서로 유기적 관계로 제 몫의 기능을 다할 때 원만해지는 것이다.

그런데 순환계통의 심장에서 문제를 일으킨 것이다. 심장이 일정하게 뛰어야 하는데 불규칙하였다는 것이다. 소위 부정맥이다. 심전도검사에서 나타났다. 이것이 원인이 되면서 명치를 못살게 굴어 찢어지게 아팠던 것이다.

여기에 생각지도 않았던 소화샘의 쓸개에 염증이 생기고 작은 담석까지 있는 것을 발견하였다. 계제에 심장과 간과 쓸개에 대한 정밀검사를 받았고 서둘러 치료하면서 제 기능을 완전히 회복할 수 있었으니 건강만세다.

잠 못 이루는 병실

지금 무슨 생각에 젖어 있나. 옆 사람은 깊은 잠에 빠져들었는데 잠 못 이루고 뒤척거리다 휴게소로 나왔다. 하기야 집에 편안한 잠자리를 두고 잠을 자러 한가하게 이곳에 입원한 것은 아니다. 지금 무엇을 보고 있나.

밝고 기쁘고 즐겁기만을 추구한다면 어둠에 서럽고 짜증스러움의 시작이 될 수도 있다. 한없이 힘들고 앞이 보이지를 않다가도 서서히 고통은 사라지고 뭔가 희망의 핑크빛이 떠오르기도 할 것이다. 자제하여야 한다.

지레짐작으로 해보지도 않고 포기하는 심정으로 좌절만 할 일도 아니지 않는가? 저 아파트의 꺼지지 않은 불빛 속에는 누군가 새로움을 향해 도전을 하고 있는지도 모른다. 참고 기다림은 보람으로 이어질 수 있다.

시선을 어디에 두고 있느냐에 따라 분위기는 사뭇 달라질 수 있다. 당장 달콤하고 아름다움만을 추구한다면 지금은 좋겠지만 그것인들 어찌 변치 않으랴. 그 뒷면의 추함을 보거나 싫증을 느끼며 절망스러울 수 있다.

한 때는 아주 추한 모습이지 싶다가도 그 뒤에 오는 것은 의외로 더없이 고상하고도 아름다운 모습으로 다가올 수도 있다. 상황이 돌변하고 뒤바뀌어 보고 보이는 모습도 아예 달라진다. 소위 대세의 역전이기도 하다.

대세는 한 곳에 마냥 머물러 있지 않고 돌고 돈다. 흐르는 물이 고여 있으면 썩으면서 악취를 풍긴다. 그렇다고 그냥 저절로 오는 것이 아니라 그만큼 뜻을 두고 노력하는 자에 대한 보답으로 주어지는 것이기도 하다.

어제는 아주 튼튼한 몸이었다고 오늘도 그러리란 보장은 없다. 어제는 아프다가도 오늘은 거뜬한 몸으로 활보할 수도 있다. 늘 돌보고 가꾸어야 한다. 언제 어디서부터 일그러질지 모른다. 지금 무슨 생각에 잠겨 있나.

어느 것이 먼저이고 나중인지를 가늠하며 감당할 수 있어야 한다. 상황은 언제고 뒤바뀔 수 있다. 그냥 지나가듯 단순히 희망 섞인 위로로 하는 말이 아니다. 반복된 행동에서 습관이 생겨나고 못된 버릇도 생겨난다.

지금 어디를 바라보는가. 깊은 생각에 그렇게 되려고 발버둥치고 있지는 않은가. 체념도 거짓도 아닌 현실을 똑바로 보아야 한다. 방향을 제대로 잡아야 한다. 뒷걸음치며 방향까지도 빗나가면 엉뚱한 곳으로 간다.

그날이 그날 같지만 같을 수 없다. 보이지 않는 듯싶어도 다름 속에 끊임없이 오고 가면서 끝내 되돌릴 수 없는 과거를 만들고 눈앞에 펼쳐진 현재가 있는가 하면 꿈과 희망이 듬뿍 담겨진 미래가 다가오고 있다.

그것은 자신을 마음껏 펼쳐볼 수 있는 축복의 시간이다. 최선을 다하여야 후회 없는 추억 같은 지난날을 만든다. 꿈의 씨를 뿌리고 새싹이 쏙쏙 돋아나기를 바라는 희망이 담뿍 곁들인 값진 날들을 기다릴 수 있다.

영원하거나 무한한 것이 없다면 변하고 변하여 불가능한 것도 없을 것이다. 기회를 맞이할 준비를 하지 않기에 자신도 모르게 그 기회를 흘려보내는 것이다. 기회는 꽉 잡아야 한다. 놓치면 다시 오지 않는다고 했다.

한참 기분 좋을 때 올 수도 있고 한참 어려움에 해맬 때 올 수도 있다. 마음가짐을 바로 세우면 하늘도 돕는 자를 돕듯이 항상 노력하여야 한다. 누가 그냥 가져다주는 것이 아니라 스스로 만들면서 쟁취하는 것이다.

지난날 아주 늠름하니 빼어났던 나무가 세월이 가면서 늙은 거목이 되고 가지가 부러지거나 고사하여 아주 볼품없게 되기도 한다. 그런가 하면 별로 눈에 띄지도 않았던 나무가 우아한 모습으로 빛을 발하기도 한다.

입원실서 이러쿵저러쿵

(LV POLE STAND) 걸개에 걸고 하루치 1,000밀리 수액주사를 맞는다. 여기에 영양제주사와 항생제까지 곁들여 혈관을 타고 들어가야 한다. 똑 떨어지는 물방울을 보며 한참을 기다려야 다시 똑 하고 서두름이 없다.

휠체어를 탄 사람, 수액을 매달은 걸개를 밀고 끌고 다닌다. 그러니 입원실은 더 어수선하다. 때로는 인생의 가장 끝자락을 해매기도 한다. 아직은 거기까지는 아니라지만 마음만은 성급하게 오락가락 하는 모양새다.

다시 시련인가. 2m쯤 높이의 걸개에 수액을 거꾸로 매달고 앞세워 다니면서 혈관 속으로 받아들이고 있다. 홀몸이 아닌 걸개와 함께 한 조가 되어 비로소 하루의 일과를 보는 것이다. 여간 불편한 것이 아니지만 어쩌랴.

금식 후 초음파검사에 수시로 혈압을 재며 맥박을 헤아린다. 심장과 간과 쓸개의 동태를 예의주시하면서 관찰하고 있다. 일반의 평범한 눈으로는 직접 보이지 않지만 과학의 의술로는 훤히 들여다보고 있는 것이다.

그런데 초음파검사와 채혈 등은 최소 8시간 이상은 금식을 하여야 하는 번거로움이 있다. 물도 마시면 아니 된다. 그래야 속을 비워 그 보이지 않는 몸 안의 상태나 기관을 보다 상세하게 들여다보며 확인하고 촬영한다.

입원하면 환자팔찌를 착용하여 환자를 확인할 수 있게 한다. 진료나 검사 시에는 환자의 이름과 등록번호를 먼저 말하게 한다. 등록번호를 모르면 주민등록표상 앞자리 생년월일을 말하게 한다. 환자의 안전이 우선이다.

만에 하나라도 진료나 촬영한 영상 등이 바뀌지 않게 하기 위함이다. 자칫 방심하다 어긋나면 의료사고가 날 수도 있다. 끔찍스런 일이다. 대수롭지 않아 보이지만 확실하게 하여야 할 가장 기본적인 사항 중 하나이다.

병원에서는 환자가 우선이다. 장애인이 아니다. 건강한 정신이 건강한 사회를 만든다. 환자의 몰골이 이상하다고 웃으면 안 된다. 아무데서나 웃는 것이 아니다. 특별히 삼가야 할 때가 있다. 때로는 웃음도 독소가 된다.

응급실에서 젖먹이가 자지러지게 울고 있다. 말을 못하니 답답할 수밖에 없다. 안쓰럽고 죄인 된 마음에 그 어머니는 더 아파 속울음을 울고 있다. '차라리 내가 너 대신 아프면 아니 되겠니' 강인한 모성애의 극치이다.

건강하다고 늘 병마가 피해가는 가는 것은 아니다. 한눈팔다가 언제 약점을 잡혀 슬쩍 침투할지 모른다. 항상 경계하고 대비하여야 한다. 좀은 불투명한 삶에 매력을 느끼기도 하지만 때로는 무방비로 노출될 수도 있다.

교통사고라고 차를 외면하고 살아갈 수는 없다. 삶이 나를 속일지라도 그 길을 갈 수밖에 없다. 이번만은 나만은 괜찮겠지 하다가 무방비에 일을 당하면 인생이 순식간에 엉뚱하게 바뀔 수도 있다. 참으로 엄청난 복병이다.

병원생활도 반복되면 절로 눈높이를 맞춰가면서 그런대로 지낼만하다. 문득 별것은 없지만 병실에 누워 끔찍함에 유언장을 미리 작성하고 싶은 생각도 든다. 생각은 마음을 바꾼다. 그 바뀐 마음이 옮겨질 때 일을 만든다.

입원실에서는 하루 세 끼니가 정해진 시간에 따끈하게 나온다. 침대머리에 접혀있던 작은 식탁을 펼친다. 하얀 쌀밥과 국을 비롯해 네 가지 반찬이 곁들여진다. 음식은 절대로 짜거나 태웠거나 너무 뜨겁게 먹으면 안 된다.

처음에는 국도 반찬도 너무 싱거워서 잘 넘어가지 않을 만큼 맹탕이다. 뿐만 아니라 반찬은 아주 소량이다. 몇 끼니를 먹다보니 적응되었다. 활동량이 적어서 소화가 덜 되고 끼적거린다. 그래도 억지로라도 먹어 둔다.

식사시간에는 환자들이 다 모여 있으므로 주치의도 제자들을 대동하고 회진하며 병세를 살피고 다른 증상은 없는지 묻는다. 간호사는 식후에 먹으라고 열심히 약을 나눠준다. 갑자기 병실은 활기를 찾은 듯이 분주해졌다.

돌고 돌아가는 세상

봄날에 그렇게 가슴이 설레도록 꽃을 피우며 마음을 사로잡더니 꽃이 지면서 점점 잊혀 갔다. 가을이 되면서 봄날에 그 존재감조차 떠오르지 않더니만 현란하게 물이 든 단풍에 취하여 마음이 어질어질 하기도 하다.

봄날에 꽃을 화려하게 피우는 나무가 가을날 단풍까지도 요란할 만큼 아름다운 것은 아니다. 봄날에 비록 꽃은 미미하지 싫었거나 아예 기억조차 못하였어도 가을날 단풍만은 앞장서서 유난스럽게 빼어날 수가 있다.

이처럼 항상 좋을 수는 없듯이 항상 나쁘지도 않다. 언제 어느 모습을 보느냐에 따라서 그 나무에 대한 평가도 사뭇 달라질 수 있다. 그 필요로 하는 모습을 찾아내야 한다. 이는 어찌 나무에게만 국한되는 모습이랴.

잠 못 이루는 밤에 휴게실을 서성거리며 무엇을 보고 있는가. 무슨 생각에 깊숙이 잠겨 있는가. 지금과 달리 밝은 대낮에는 또 다른 것을 보고 또 다른 생각을 하고 있을 것이다. 그 속에서 찾아야 할 나만의 것이 있다.

입원실에서 바라보는 바깥세상은 그렇게 아름다울 수가 없다. 입원하기 전에 노닐던 곳인데 새삼스럽게 들어온다. 그때는 얼마나 아름다운 세상에서 살고 있었는지 미처 느끼지 못하다 이제 겨우 눈에 들어온 것이다.

병원도 위에서는 친절하고 깔끔하라고 신속하고 공정하라고 당부하지만 하부까지 미처 전달이 안 되거나 잠시 외면을 당한다. 병원장은 그런 사실을 모르겠지만 현장소비자는 대뜸 잘잘못을 샅샅이 구분할 줄을 안다.

다만 참고 그냥 흘려보내다 어느 한순간 쌓였던 마그마가 폭발하는 것이다. 그래서 불평이 생겨나고 불친절 시비가 불거진다. 친절과 불친절의 잣대는 베푸는 사람이 아닌 받아들이며 겪는 당사자의 잣대여야 한다.

선택 진료라는 것이 있다. 책임 진료이기 때문에 좀 더 의료서비스가 좋다는 전제 아래 수가가 가산된다. 특진수술은 100% 일반진료는 30% 수가가 추가된다. 소위 유명세를 받는 것이다. 고급인력에 대한 예우이다.

그러면 일반의도 있어야 하는데 없거나 신참으로 경험도 부족하다. 이런 경우 선택의 여지가 없는 수가인상에 다름 아니다. 묘한 술책으로 기만함에 지나지 않는다. 선택이면 선택할 수 있는 여건이 조성되어야 한다.

선진화된 병원으로 사전에 수가를 충분하게 설명하고 그 궁금증을 풀어준다고 침대머리에 버젓이 붙어있다. 그러나 한 번도 그렇게 시도해보는 모습은 찾아 볼 수가 없었다. 오직 그럴듯한 미사여구의 장식품이었다.

세상은 끊임없이 돌고 돈다. 지금은 내가 어쩔 수 없이 환자로 병상에 누워 있지만 세상 얄궂을 때도 있어 언젠가 병문안을 왔던 네가 병상에 누워있고 내가 병문안을 하면서 열심히 위로를 하고 있을지도 모른다.

한 번 하기로 했으면 그대로 추진하고 미루면 아니 된다. 더구나 공공성을 지녔다면 더 그렇다. 처음부터 불가능했으면 수정하여야 한다. 무늬만 요란하면 아니 된다. 질책 받을 꼬투리가 되어 없었던 것만도 못하다.

살아가면서 아픈 것이 죄는 아니다. 그렇다고 보란 듯이 펼쳐놓을 만한 자랑거리도 아니다. 어찌 아프지 않고 살아가랴. 아픈 만큼 성숙해진다는 말도 있다. 제 때 치료 받고 회복하여 건강한 사회로 돌아가야 한다.

소화기내과에서

갑자기 꼬일 듯이 명치가 아팠다. 대학병원응급실에서 부정맥으로 판정되어 즉시 시술하였다. 하루쯤 입원실에 있다 퇴원수속을 밟으면 되겠지 싶었다. 그런데 엉뚱하게 쓸개에 염증과 담석이 있는 것으로 밝혀졌다.

달리 할 일도 없고 갈 곳이 없으니 고작 휴게소에서 티브이를 시청하며 무료하게 지냈다. 그런데 심장은 괜찮아졌고 아무래도 쓸개를 치료하려면 이쪽 심장내과에서 담당부서인 소화기내과로 옮겨야 한다는 것이었다.

쓸개의 염증은 약물로 간단히 치료하면 되지만 담석은 수술할 것인지 판단하기 위해 아예 10층의 심장내과에서 8층의 소화기내과로 입원실을 옮겼다. 담석을 그냥 두면 차후에 염증이 재발할 우려가 많다는 것이다.

지금은 아무렇지 않지만 화근의 씨앗이 있는 것을 확인한 이상 모른 체 넘어갈 수는 없는 일이다. 하지만 달리 할 일은 없다. 병실에 누워있을 만큼 아픈 것도 아니었고 고작 하루 세 끼니 식사에 약을 먹으면 되었다.

심전도검사를 했다. 엑스레이를 찍었다. 혈압도 여전히 괜찮다. 소변을 받고 피를 뽑아 분석하여도 이상이 없다. 참으로 다행이다. 옆구리도 말끔하고 숨 가쁨도 사라졌다. 허탈의 늪에 빠져서 맥없던 기운도 회복되었다.

담석도 염증과 함께 약물로 치료하기로 하였다. 정말 할 일이 없다. 밤낮으로 너무 무료하다. 심한 환자 같으면 축 쳐져서 잠이라도 자면 시간은 잘 갈 텐데, 멀쩡한 몸에 기분이 거뜬해져 쉬 잠도 오지 않고 답답하다.

이제 집으로 돌아가도 되지 싶었다. 내가 왜 병실에 계속 머물러 있어야 하는지 알 수 없었다. 환자는 환자 속에서 집중적으로 치료를 받을 수 있지만 멀쩡한 사람은 환자 속에 끼어있으면 오히려 환자가 되지 싶었다.

걸개를 밀며 건물 바깥으로 나서보았다. 주변 산책길을 둘러본다. 바람이 시원하다. 신선한 자연바람이 좋다. 오가는 사람들 중에 등산복을 입은 사람도 있다. 저 앞쪽에 산을 바라보며 오르고 싶은 욕망이 꿈틀거린다.

삼삼오오 지나는 사람들이 부럽다. 식당이 보인다. 마음대로 선택하여 먹는 그림이 그려진다. 아기가 아장아장 엄마와 아빠의 손을 잡고 가는 모습이 가정적으로 오순도순 들어온다. 전혀 다른 세상에서 온 사람들 같다.

저녁에는 아파트에 들어오는 불빛이 아주 정겹다. 저 속에 일과를 마친 가족들이 모여 있을 터다. 늦도록 공부도 하고 저마다 생활에

분주할 것이다. 그런데 어쩌다 여기 제한된 구역에 빈둥빈둥 묶인 내가 한심하다.

아파트를 본다. 창을 타고 넘는 불빛이 희망의 등대 같다. 하지만 아직은 다가갈 수 없는 곳이다. 가까운 듯 너무 멀다. 저곳은 건강한 사람들이 살고 있는 행복한 곳이고 여기는 아픈 사람들이 머무는 폐쇄된 곳이다.

빠끔히 보여도 사이에는 건널 수 없는 공간이 있어 보이지 않아도 누군가 발목을 잡고 강력하게 통제를 하고 있다. 저곳에 가려면 열심히 건강을 되찾아야 한다. 건강증명서가 있어야 자유롭게 드나들 수 있는 곳이다.

보이지 않는 창살에 갇혀 있다. 그냥 뛰쳐나가고 싶다. 이대로 가다가는 정말 어딘가 아플 것만 같다. 정신이 멀뚱멀뚱해질 것 같다. 다른 환자들은 쿨쿨 잠도 편히 잘 잔다. 아무래도 내일은 퇴원신청을 하여야겠다.

아직 염증이 완전히 아물지 않아 며칠은 더 두고 보아야 한단다. 막무가내 퇴원하겠다는 고집에 실랑이를 하며 결국 자퇴서를 써야 했다. 병원에서는 계속 입원할 것을 권고하였으나 환자가 중도에 퇴원을 한다는 것이다.

퇴원하는 대신 집에서 약을 복용하고 일주일 후에 챙겨보기로 하였다. 어쨌거나 툭툭 털고 나오는 것 같았다. 고작 4박5일 뿐인데도 엄청난 기간 동안 격리된 듯싶었다. 고립된 생활에서 벗어나 날개를 단 듯싶었다. — 2014. 06. 18.

제3부

또 하나의 교통사고

흉곽의 골격
전면상

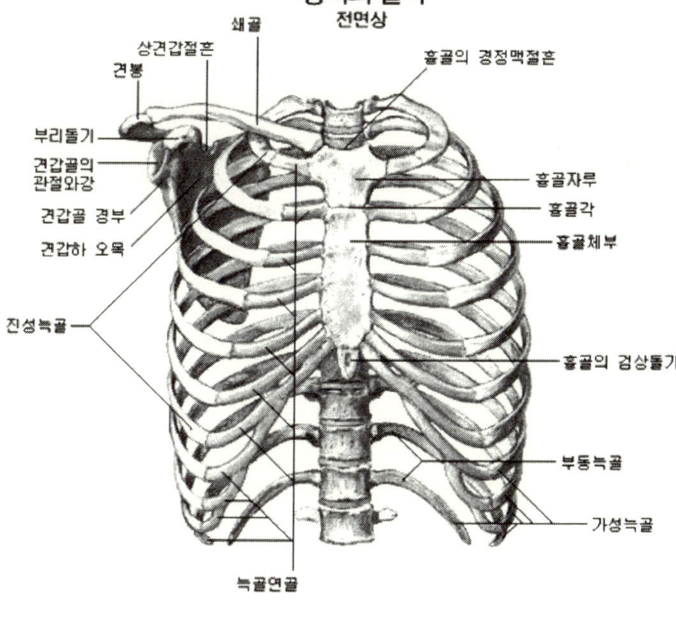

병원 응급실 25시

아아, 어찌 잊을 수 있으랴. 그 때 그 날이 잊힐 리 있으랴. 2012년 1월 7일 오후 2시경이다. 천안에서 여동생의 환갑에 점심식사를 마치고 서부 변두리 신설 4차선 텅 빈 도로에서 아산방향으로 느긋하게 가고 있었다.

교차로의 오른쪽 2차선에서 갑자기 1톤 탑차가 불과 35km 저속으로 서행하는 승용차를 93km 속력으로 달려들어 옆구리를 받았다고 도로교통공단과 국립과학수사연구원에서 최종 결론지었다. 파란 하늘에 날벼락이었다.

갑자기 옆구리를 들이받히면서 승용차는 얼떨결에 왼쪽으로 90도나 꺾이면서 18m를 밀려가고 가해 차량 운전기사는 오른쪽 건널목 신호등에 부딪혀 현장서 즉사하였다. 결국 사망 3명, 중경상 4명의 건널목사고가 되었다.

필자는 충돌과 함께 기절하였다. 사고조차 전혀 인식하지 못했다. 단국대학교병원응급실에서 깨어났다. 눈을 떴을 때는 낯선 응급실의 딱딱한 침대에서 환자복을 입고 있었다. 주위가 웅성웅성 심상치 않음을 직감했다.

이제 정신이 드느냐고 한다. 기절을 하였다가 겨우 깨어난 것이다. 정신은 아무렇지 않지 싶은데 몸을 가누려 해도 쉽지 않았다. 목은 퉁퉁 부어오르고 옆구리에서 뭔가 억지를 쓰면서 잔뜩 움켜쥐었는지 움직일 수 없었다.

이제 깨어났다고 안도하는 모습이다. 그동안 제법 많은 시간이 흘렀던 모양이다. 화장실 생각에 일어나보려 했으나 옆구리에 심한 통증이 몰려왔다. 으으윽, 일어설 수가 없다. 부축하지만 아무래도 온전치가 않은 게다.

주위는 어수선했다. 산책하다 넘어지고 방안에서 넘어졌다는 노인, 맹장이라는 젊은 여인은 떠나갈듯 울부짖었다. 교통사고에 피투성이로 절박한 순간에 찾아드는 응급실25시는 냉랭한 회오리바람이 휘몰아치고 있었다.

진찰 결과 오른쪽 늑골(갈비뼈)이 자그마치 4개나 부러졌다. 그러니 자연스럽게 일어설 수 있었으랴. 코가 눌려 약간 내려앉았다. 혓바닥이 길게 찢겼다. 핏자국에 타박상도 있었지만 그래도 사지가 멀쩡하니 다행이다.

아직은 죽을 수 없었나 보다. 갈 때가 아니었나 보다. 사고현황을 대충 알려준다. 인생은 미완성이라지만 해야 할 숙제가 많이 남아있었나 보다. 불과 몇 시간 전에 함께 차를 탔었는데 유명을 달리하다니 믿기지 않았다.

부러진 갈비뼈로 온 몸이 휘청휘청 경련에 식은땀이 후줄근하게 적셔도 그 흔한 연고를 바를 데가 없고, 그 흔한 주사바늘도 하나 꽂을 데가 없고, 그 흔한 파스 하나 붙일 데가 없었다. 고작 진통제 몇 알이 전부였다.

코는 예약을 하고 수술을 하면 되고 그 밖에 부위는 약을 발라주며 주사 몇 대 놓고는 병원에서 그냥 집으로 돌아가란다. 중상으로 몸을 가누기도 어려운데 그냥 시간이 흘러가야만 해결될 일이라니 참담하기 짝이 없다.

주말이라 응급실에서는 대충 수습하고 진찰내용으로 보아 달리 할 일이 없단다. 갈비뼈는 치료방법이 없고 그냥 뼈에서 액이 흘러나와 부러진 곳으로 흘러들어야 치료가 되는데 나이가 많아 다소 시간이 걸릴 거란다.

이게 무슨 날벼락이란 말인가. 아침에 나설 때는 아무렇지 않았는데 이렇게 끔직스러운 교통사고로 중상자가 되어 몸조차 제대로 가눌 수가 없다. 오로지 옆구리의 통증만을 이끌고 집으로 돌아가 눕히는 신세가 되었다.

삶과 죽음의 문턱에서 기절하였다가 가까스로 깨어났으니 오죽하랴. 찰과상을 입은 얼굴은 퉁퉁 부어오르고 양쪽 눈두덩이 주위는 새카맣게 멍이 들어 흉측하기 짝이 없다. 산사람이라고 하기에는 몰골이 말이 아니다.

시간이 가다보면 점점 부기가 빠지고 시커먼 멍도 없어지면서 제 모습을 찾을 거라고 하지만 너무 참혹하고 처량하다. 그래도 죽지 않고 이렇게라도 목숨 줄이 붙어있는 것이 그 상황에서 기적이란다. 천만 다행이란다.

당시는 순간적인 생각이나 선택할 여유도 없었다. 아니 무슨 일이 있었는지조차 기억에 없다. 그냥 꼼짝 못하고 고스란히 당하고 만 것이다. 얼굴을 차마 똑바로 바라볼 수가 없어 한동안은 아예 거울을 보지 않을 것이다.

일방적으로 뭉그러질 대로 뭉그러지면서 무기력하기 짝이 없어도 어쩌랴. 현실은 있는 그대로 사실로 받아들여야 한다. 이만한 것도 감사해야 한단다. 하지만 어디 그뿐인가. 부러진 갈비뼈는 왜 그리 달달 볶아치는지.

내려앉은 코는 며칠 후 입원하여 수술을 하여야 한다. 두 팔과 두 다리를 슬쩍 움직여 본다. 그래도 멀쩡하지 싶어 정말 다행이란 마음이 그제서 들었다. 이제 몸을 추슬러가며 회복하기 위하여 온 힘을 기울여야 한다.

지금 이 상황에서 몰골을 운운할 때가 아니니다. 우선 덮쳐오는 고통부터 진정시켜야 한다. 어디서부터 잘못이었는지 누가 잘못했는지는 차차 알아도 늦지 않다. 병원치료를 충실하게 받아가면서 몸조리에 신중해야 한다.

부러진 갈비뼈

움직이면 움직일수록 아프다.

반듯하게 누워있으면 몸뚱이의 힘에 짓눌려 오래 있을 수가 없다. 그렇다고 돌아누우려면 겨우겨우 맞춰놓은 뼈가 불쑥 튀어나오는 양 으스러지는 아픔이다. 그래도 잠시 후면 또 돌아눕는다.

밤새도록 눈을 못 붙이고 엎치락뒤치락 하면서 뼈를 깎는 고통을 겪어야 했다. 일어나는 것은 더 고역이다. 손을 짚고 한참을 앓는 소리와 함께 다툼질을 하여야 한다. 혹시 이러다 불구자가 되는 것은 아닌지 아찔했다.

고작 스스로 아물기만을 기다려야 한다니 움직일 수조차 없는 고통에 무기력한 한숨소리가 해빙기 얼음 쩌렁쩌렁 갈라지는 뼈울음 소리다. 길 떠나는 기러기울음소리 흘리듯이 뼈 으스러지는 울음소리 꽉 악물고 있다.

내 몸뚱이도 들어 올릴 수 없는 천근만근 무기력에 빠져 부러진 갈비뼈만 잦은 한숨소리 신음으로 토해놓았다. 비스듬히 몸을 돌아누우려 해도 내 몸인데 내 몸 아닌 남 몸통 같아 때를 만난 뼈울음만 진하게 흘러나왔다.

평소에는 관심조차 없었던 희미한 구석에 뼈마디였다. 그 하나라도 그냥 있는 것이 아님을 뒤늦게야 깨달았다. 어딘가는 가장 필요한 모습으로 있어야 할 것들이다. 그렇게 있는 줄도 몰랐는데 무관심했는데 부러졌다.

다른 부위를 지켜내기 위해 힘겹게 버티다가 희생양이 되었을 수도 있다. 그 작은 것 하나가 이토록 뼈울음을 울게 하고 있다. 이처럼 절절이 필요한 것이었다는 것을 이 나이 먹도록 한 몸에 지니고서도 비로소 알았다.

뼈가 자정능력에 의해서 스스로 붙어야 한다. 뼈를 갈구는 고통은 까만 밤을 하얗게 긁어댄다. 진정시키려는 진통제는 잠시뿐이다. 그 약효가 다하면 부릅뜬 악마가 짓밟으면서 쌓이고 쌓인 복수의 칼날을 들이대듯 한다.

저 부러진 뼈가 붙기까지는 어차피 괴롭혀야 할 고통의 총량치가 있다면 그건 너와 나의 숙명적 맞대결이다. 기나긴 겨울밤으로 부족해 아직도 멀고 먼 거냐. 숭숭 뚫린 엿가락처럼 뼛속이 횅하도록 울어야 될까 보다.

갈비뼈가 뼈울음 운다. 하지만 달리 손을 댈 수 없어 오로지 뼈에서 진액이 흘러나와 금이 가고 부러진 틈새로 파고들어 스스로 굳어야 하는 자정능력에 기댈 수밖에 없다. 기다리는 만큼 울부짖는 고통을 알고 있을까.

흉곽을 이루는 활 모양의 길쭉한 뼈가 좌우로 열두 쌍씩 스물넷의 갈비뼈다. 그 안에 각종 장기를 간직하면서 울타리 역할을 하는데 날벼락에 으으윽 괴로워하고 있다. 보호는 뒷전이고 이제 네가 먼저 보호받아야 한다.

그간 몸에 공헌한 것이 얼마인데 너무 야박스럽고 매몰차지 싶어 씁쓸하다. 겉보기에는 말짱한데 너무 속보이게 꾀병을 부리는 것 같다. 뼛속 그 깊고도 깊은 속에서 울려오는 뻐울음 소리를 뉘라서 들을 수 있으랴.

언제쯤이나 나아지려나. 언제쯤 잠잠 해지려나. 서둘러서 될 일도 아닌 그냥 몸을 덜 움직이며 참아야 한다는 좀은 막연하고도 착잡한 처방이다. 한 마디로 그냥 시간이 약이란다. 바꿔 말하면 아플 만큼 아파야 한다.

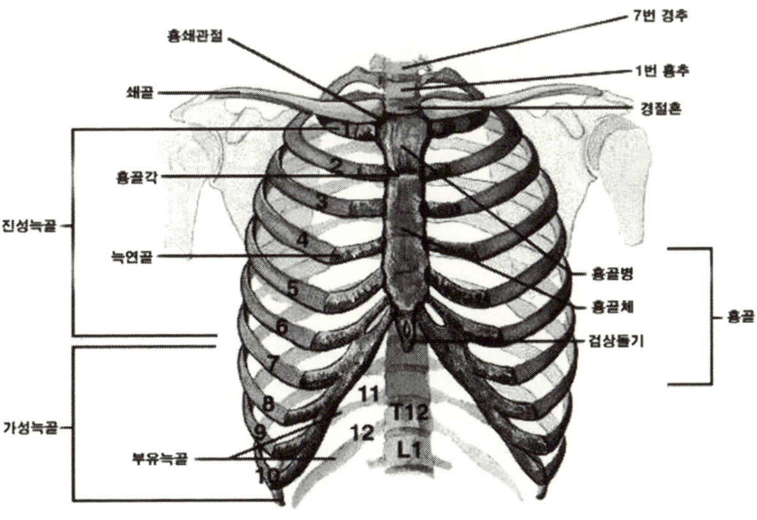

영면하소서

두 형수님!!

잘 살아보겠다고 수없이 동동거렸는데 이렇게 막다른 길목이 될 줄이야. 같은 차 안에서 생사의 갈림길이 될 줄을 꿈엔들 예견이나 했겠습니까. 아무리 운명이라지만 속수무책 받아들이기에는 청천벽력으로 힘겹습니다.

저리 하늘도 땅도 야속하리만치 아무 일 없었든 듯 그저 태연하기만 하랴. 아무리 되새김질해 봐도 아직은 아닌 듯싶습니다. 그토록 선하게 살아온 순수한 아낙인데 어찌 그리 끔찍하고도 매정하게 서둘러 데려가십니까?

두 형수님!!

날벼락에 넋을 놓은 형님들은 또 어쩌라고 아무리 이 세상 인연이 여기까지라고 하더라도 뭔가는 남겨놓을 일들이 줄줄이 있을 텐데 한 마디 언질조차 없이 바삐도 가셨습니다. 돌아올 수 없는 길 서둘러서 가셨습니다.

내일이 영결식이라는데 마지막 영전에도 아주 가까이 있으면서 마음뿐 오히려 찾아뵙지를 못합니다. 몸뚱이가 엉망진창이 되어 잠시도 가만히 있지를 못하게 괴롭힙니다. 그만 이 세상 모두를 내려놓고 홀가분해지십시오!

두 형수님!!

팔순의 고개를 앞두고도 힘든 척 할 줄을 모르고 오히려 삶의 재미를 알콩달콩 누리고 계셨는데 도대체 누구의 시샘입니까? 어느 한순간에 갑자기 모두를 저버리면서 뭐 그리도 급해 이별도 고하지 못하고 서둘러 떠나는 것입니까?

언젠가는 헤어져야 함을 알고 있었지만 지금은 아니었습니다. 그것도 한낮 날벼락에 이렇게 훌훌히 가시다니 원통함에 가슴이 메어집니다. 하지만 거역할 수 없는 부름에 가시는 길 평안하시고 하늘나라에서 영면하십시오!

2012. 01. 08.

부족했던 막내 시동생이 올립니다.

대학병원

대학병원은 사람들로 들썩인다. 오히려 멀쩡한 사람들이 초조해 하며 문병하고 시중들기에 부산하다. 그 누구도 그곳에서는 붕대를 칭칭 감거나 다리를 절룩거려도 비웃듯 이상한 눈초리로 얕잡아 보아서는 아니 된다.

병원에서는 멀쩡한 사람이 환자를 만나면 환자가 아님에 죄송한 마음가짐을 가져야 한다. 저처럼 처절하고도 진지한 삶에 박수를 보내야 한다. 저처럼 삶에 대한 불타는 의지가 있는 한 저들은 머잖아 일어설 것이다.

나는 분명 사고현장인 그곳에는 없었다. 사고가 나고 웅성거렸을 텐데 희미한 기억조차 없으니 부딪는 순간에 같이 기절하고 껍데기 몸통만 나뒹굴다가 응급실에서 깨어났으니 그때 내 영혼은 어디에 숨어 있었을까.

누군가를 따라 갔었거나 주저앉아 숨을 죽이고 있었거나 아예 멀리 뺑소니쳤다 뒤늦게 슬그머니 얼굴을 내민 걸까. 응급실의 침대에 누웠다 비위 좋게 깨어난 것이다. 몸통만 실고 왔을 텐데 영혼은 어찌 따라왔을까.

음흉스런 병마는 평소에는 시침 떼고 방실방실 능청떤다. 들통 나면 서서히 마각을 드러내는 악마의 얼굴로 그렇게 잔인할 수 없다. 안면몰수하고 일방통행 제 고집만 부린다. 미리 낌새채고 가차 없이 도려내야 한다.

애초부터 녀석과의 타협은 어리석음만 남을 뿐 아무런 가치가 없다. 뿌리까지 송두리 뽑아내야 한다. 괜찮다고 방심하다 뒤통수 얻어맞고 뒤늦게 후회한들 소용이 없다. 영영 돌아올 수 없는 강을 혼자서 건너야 한다.

사고는 때도 장소도 가리지 않고 체면 따위는 아예 눈을 씻고도 찾아볼 수 없다. 어디든 사고의 불씨는 숨겨져 있어 조금만 방심하면 불쑥 드러낸다. 한순간에 돌이킬 수 없는 곳으로 추락하여 악마가 즐기고 있다.

하지만 사고위험 불감증에 노출되어 있다. 나는 괜찮다. 내 이야기가 아닌 오직 남의 일로만 여기다 날벼락 맞고 한숨을 짓는다. 내 잘못이 나만이 아닌 이웃까지도 불똥이 튄다. 때로는 남의 잘못이 나에게로 달려든다.

죽음에 세월의 나이가 절대일 수 없듯 권력이나 재력도 서열이 될 수 없다. 지니고 갈 것도 아님에 서러움이 태산 같아도 한 줌 햇살만 못해 기쁨은 뒤에 남아 훌쩍이는 자의 몫이다. 누가 보다 홀연히 떠날 수 있을까.

인생에 출발점이 뚜렷한 선후배는 있어도 죽음만은 아무도 예측하지 못한다. 크고 작은 일에 휘말리다 예측불허 허탈한 일도 많아

뉘라서 선착순이 아니다. 요령에 뺀질거림도 아니다. 진시황의 불로초로도 풀지 못했다.

그래도 죽음만큼 공평한 것이 있을까 싶다. 목숨은 한 번 내놓으면 그뿐이다. 또한 질긴 것이 목숨이라고 쉬이 마음대로 되지를 않는다. 사고나 극히 일부가 고작 떳떳치 못한 자살로 비열하게 비쳐지기도 하지만 말이다.

병원은 특별자치구다. 의사가 지휘하고 환자가 우대받는 곳이다. 그 누구도 얕잡아보거나 비하하면 안 된다. 못마땅하여 자꾸 따지려면 올 곳이 아니다. 율법이 다른 특별자치구에서 멀쩡한 사람부터 먼저 낮추어야 한다.

어둠은 아픔을 더 아프게 한다

들쑤시는 병상의 시커먼 밤은 무섭도록 잠이 오질 않는다. 이것저것 공상의 날개에 빠져들다 다시 뉘어보지만 밤은 무척 길기만하다. 어쩔 수 없는 현실의 착잡한 마음은 동병상련하듯 같은 처지를 겪어야 하나 보다.

어두운 밤이 무서운가 보다. 밤은 너무 캄캄해서 미처 잠들지 못하고 혼자 깨어 엄마를 찾듯이 곁에 있어도 못 미더운 듯 자꾸만 보채는 아가처럼 아픔을 들쑤셔 밤새도록 온통 아프게 한다. 밤이 두렵고 무섭게 한다.

아픔이 먼저 밤을 알아보는가. 어둠 속에 고독한지 혼자는 그냥 무료해 심통 부리는지 들볶아댄다. 주변이 잠잠해질수록 들쑤시며 즐기는지 뼈울음으로 고통을 더 갉아댄다. 잠 못 이루는 밤은 언제쯤이나 밝아오려나.

한겨울인데도 푸근한 날씨는 슬픔을 승화하듯이 촉촉하게 비가 내리며 봄날이 오고 있음을 보여주려나 보다. 아픔을 딛고 일어서면 반드시 봄날이 있을 거라는 암시다. 희망은 용기를 가져오고 용기는 거뜬히 해낼 수 있다.

내일이 임진년 새아침이다. 설날이라고 병원도 들떠있다. 하지만 고향을 지척에 두고도 덫에 걸려 병상에 누워있다. 처량하고 야속하기 짝이 없지만 새해를 그리워할 수 있다는 것만으로도 행복하다며 마음을 여민다.

이 사람은 이런 사연, 저 사람은 저런 까닭으로 같은 일에 뒤엉켰다. 하는 일마다 빗나가면 그런 까닭 있고, 터지는 일마다 그럴 사연 있다며 요리 조리 끼어들며 핑계만큼은 일품이고 얼굴 하나는 반지르르 장하구나.

봄이 오면 같은 삶의 영역에서 풀 한 포기, 나무 한 그루, 작은 벌레 한 마리도 은연중 무언가 의미를 건네주지 싶다. 그래, 지금은 밤이 무섭다고 아픔마저 부들부들 더 아파하지만 두루두루 사랑할 줄 알아야 한다.

멀쩡하다가 사고로 하루아침에 병상에 누워있다. 병원입원실이라는 그 미묘한 곳에 보이지 않는 끈에 묶여 갇혀있는데 갑작스레 부음을 들었다. 함께 산행을 열심히 하던 후배소식으로 정말 야릇하니 묘한 기분이었다.

그 누구보다도 아주 건강하다 싶었는데 말기 간경화라는 판정을 받고 스무날도 못 채우고 유명을 달리하다니 정말 인생 허무하다. 젊은 나이에 뭐 그리 급해 서둘렀을까. 침상에 누웠으니 찾아갈 수도 없어 더 서럽다.

대학병원은 문전성시를 이룰 만큼 환자가 많다. 몸이 아프면 병원에 모여들지만 정신상태가 썩은 녀석들은 시내를 활보하며 사회를 좀먹고 있다. 성폭력, 왕따, 돈뜯기, 부정대출, 검은 돈까지 티브이 혼자 신바람이다.

끝내는 검은 돈 앞에 서로 삼키려고 앙앙거리는 하이에나 같다. 올바르지 못했음이 속속 드러나면서 망신을 당한다. 병도 어두운 밤에 아픔을 더 아프게 한다. 건전한 사회가 되어 더불어 가며 배려하고 떳떳해야 한다.

자꾸 변하고 있다. 젊은 사람은 아픈 만큼 성숙해지고 늙은 사람은 아픈 만큼 찌그러들고 있다. 아픈 만큼, 아픈 만큼…, 꿋꿋이 털고 일어서야 한다. 아직도 젊음인가 아님 벌써 늙음인가. 지금 나는 헷갈리고 있다.

코 수술

그렇게 만만한 것이 없었던지 하필 자존심 콧대를 무참하게 부러뜨려 주저앉혔다. 원래대로 일으켜 세워야 한다. 그러나 그냥은 아니 되니 의사의 손을 빌려야 하는 마지막 자존심마저도 갈가리 뭉개진 실종선고였다.

눈 깜짝할 순식간의 일로 감각마저 없을 만큼 무덤덤한 순수의 자존심을 제대로 되살려내려나. 당초보다 낮출 일은 아니지만 그렇다고 억지로 높일 일도 아니다. 이목구비 뚜렷한 얼굴에 중앙부 우뚝 솟은 콧날이다.

하지만 잘난 척 해도 주위는 오로지 물렁뼈로 서로 잡아매거나 지주목을 세울 수조차 없으니 측은하다. 고치를 부풀리듯 홀로서기하게 거들 수도 없다. 내려앉은 부위를 우뚝 세우려면 정말 콧대가 세기는 센가 보다.

하지만 부상만은 피해갈 수 없었다. 그 상황에 그만한 것도 감지덕지하여야 한다. 부러진 갈비뼈는 갈비뼈대로 자리를 잡아가고 내려앉은 코 수술을 위해 입원하였다. 수술 자체는 간단하여도 준비과정이 만만치 않다.

털어서 먼지 하나 없으랴. 나이 들어서 온몸 훑다보면 고장 난 곳 없으랴. MRI(자기공명검사), CT(전산화단층검사), 갑상선(핵의학) 검사, 심전도검사, 폐기능검사, 심장초음파검사, 혈액검사 등등 샅샅이 뒤지고 훑는다.

수술에 앞서 마취할 때 신체적 이상은 없는지, 다른 기관과도 무리가 없는지, 기능을 연계해 보는 과정이다. 계제에 구석구석 첨단사진까지 찍으면서 진료를 하다 보니 사실상 온몸에 대한 건강검진으로 확대된 셈이다.

무려 5일 동안이나 콧구멍 쌍굴을 아예 봉해버렸다. 코로 냄새는 물론 숨도 못 쉰다. 입을 대행체제로 숨을 쉰다. 말을 하고 동시에 숨 쉰다. 내려앉고 부러진 코 수술에 코의 역할을 입이 도맡아 하는 막다른 길이다.

처음에는 불가능해 보였지만 시간이 흐르면서 요령도 생겨나고 당연시 받아들인다. 벌름벌름 코마개가 튀어나오면 공사장이 와르르 무너질까봐 조마조마하다. 기침도 재채기도 아니 되는 진정제주사가 능력발휘 한다.

수술 직후에는 코를 너무 세게 풀어도 아니 된다. 퇴원 후에는 코는 약하게 풀되 가볍게 한 쪽 코씩 번갈아 풀어야 한다. 아주 조심스럽기 짝이 없다. 어쩌다 잘못 되어 재수술을 받게 된다면 앞이 캄캄하니 아찔하다.

수술이 끝나고 2일째 되는 날은 코를 막았던 의학용 스폰지 및 마세린 거즈 등을 제거한다. 이때 자칫 통증과 출혈이 동반될 수 있다.

이제 퇴원도 가능해졌지만 아무래도 6주까지는 흡연 및 음주를 절대 삼가야 한다.

얼굴 한복판에 볼썽사납던 쌍굴터널이 보수를 끝내고 다시 개통되던 날은 몹시 설레었다. 비록 며칠 동안이지만 얼마나 불편해 하였던가. 세상이 활짝 열리는 것 같았다. 이마에 송송 맺혔던 핏대가 풀리고 혈압도 내려갔다.

그래서 부모님으로부터 물려받은 그대로 잘 간수하며 살아가는 것이 현명하다. 그러나 살아가면서 내 의사와는 관계없이 부득이한 경우가 생겨나니 곤혹스럽기만 한 것이다. 그래도 어쩌랴 삼가고 참고 견뎌내야 한다.

본래 있었던 터널의 내부를 수선하느라 원상회복하느라 며칠간 전면 통제하였던 것뿐인데도 새삼스럽다. 기능의 작은 이탈에도 이처럼 엄청난 혼란과 뒤죽박죽이었던 것을 보면 제자리를 제대로 지켜내는 것이 최상이다.

입원 생활

평소에는 뼈와 살은 서로 무관하여 그냥 별개이지 싶었는데 이렇게 병상에 눕고 보니 둘은 더없는 단짝으로 한통속이다. 몸속 저 안에 갈비뼈가 부러져 아픈데 조금만 움직이면 살이 먼저 아프다고 엄살까지 부린다.

저 밑에 발가락 움직임이나 바튼 기침소리에 아주 정색하며 민감한 반응을 보인다. 그래서 남남 같지만 생각보다도 훨씬 가깝다. 손톱 밑에 작은 가시가 하나만 박혀도 온몸이 아픈 것처럼 작은 아픔까지 함께 나눈다.

무려 24개 갈비뼈 중 고작 4개에 이상이 생겼는데 살까지 후들후들 떨리며 야단법석이다. 어디쯤에 통증을 놓고 째려보는지 협박을 한다. 마음이 건강해야 몸이 건강해질 수 있듯이 몸이 튼튼해야 마음도 튼튼해진다.

여기저기 대충대충 치료를 받으면서 악몽이었다고 툭툭 털어내려 하지만 유명을 달리한 분들께 마냥 송구스럽다. 꼭 20년 전에 경부고속도로 천안방향 옥산휴게소를 조금 지나며 당했던 교통사고를 되풀이하지 싶었다.

주춤거리다 3번을 연속 들이받히고 살아남은 구사일생이었다. 그래도 그 때는 크게 다치지는 않았다. 매정한 세상사 거들떠보기조차 역겨워야 할 텐데 못이기는 척 다시 악순환이 거듭되는 듯싶은 못난이의 뼈저림이다.

아찔했던 그 순간을 잠시 되새겨보면 불과 0.01초 빨랐거나 늦었거나 1밀리쯤 방향이 뒤틀렸으면 상황은 또 다른 방향으로 걷잡을 수 없이 뒤바뀌었을 수도 있다. 그래도 되돌려 준 목숨은 못 다한 소임 때문인가 보다.

주르륵 그냥 눈물이 어느새 얼굴을 타고 흘러내린다. 원망도 달리 아무런 생각도 없는데 왜 그럴까 생각할 겨를도 없이 옆으로 뒤척이려다 아아악~, 뼈울음 호통소리가 먼저 악을 쓴다. 나를 위해 흘리는 눈물인가 보다.

사람이 예쁘다고 옷을 관심 있게 바라보기보다는 옷이 예쁘면 은연중 사람을 쳐다본다. 살 움직임에 뼈가 크게 동요하지 않는다. 살과 뼈는 무관하지 싶다가도 뼈가 아프면 살은 눈감고도 그 움직임에 촉각을 세운다.

뼈마디 움직임에 살이 찰싹 달라붙어 퉁퉁 부어오르기도 하면서 바짝 긴장한다. 너무 놀라거나 하면 기가 차고 살이 부들부들 떨린다고 한다. 그 살의 안쪽에 뼈가 있어 살은 뼈를 감싸고 뼈는 살의 중심을 잡아준다.

살과 뼈는 한울타리에 공존하면서 비록 살이 아플 때 뼈는 냉정함을 지니고 있을지라도 뼈가 큰일을 당하면 살이 모른 척하며 태연할 수 있으랴. 뼈의 통증에 살이 먼저 크게 반응을 드러내며 살은 뼈아픔을 아파한다.

설날인데 턱밑 고향집을 두고 병실에서 보냈다. 그 쓸쓸하니 외롭고 허탈함은 이루 말할 수 없다. 그러다 보면 다시 그 사람이 원망스럽다. 가고 싶으면 혼자 갈 일이지 생판 모르는데 덤벼들어 이 지경을 만들었는가.

좌우에 3개씩 병상이 놓인 6인 병실에서 옆자리 환자가 퇴원한다. 완치된 모습은 아니지만 그래도 왜 그리 부러운지. 나는 언제쯤이면 저렇게 툭툭 털고 나갈까. 오늘밤은 빈자리 몫까지 신음소리 더 높이 떠돌겠지 싶었다.

지난날을 회상하며

벌써 수십 년이 훌쩍 흘러갔지만 선임이 제대하는 모습을 넋 놓고 바라보던 졸병시절이 뜬금없이 스친다. 하지만 남의 일일 뿐 호된 병영생활에 시간이 흐르니 내 차례가 왔다. 그래, 여기서도 치료 받다보면 내 차례다.

어디 그뿐인가, 최전방 신병시절 훈련을 받다가 지뢰를 밟고 즉사했다는 신문기사를 얼핏 보고 가족들을 놀라게 했던 동명이인이었다. 그 뒤에 휴가 갔더니 죽은 사람이 살아왔다고 반기는데 반신반의하며 어물쩍거렸다.

그 후 20년쯤 흘렀다. 결혼식에 참석하기 위해 새벽같이 경부고속도로 옥산휴게소 인근을 지나는데 안개에 휘말려 추돌하고 한 번, 두 번, 세 번이나 들이받혀 나뒹굴었던 기억마저 마치 훈장처럼 주책없이 따라 다닌다.

다시 20년쯤이 흘렀다. 천안시내 편도 4차선 신설도로 교차로에서 대낮에 옆구리를 들이받혔다. 이번에는 그 정도가 혹독하여 현장에서 여럿이 즉사까지 하는 대참사에서 기적적으로 다시 털고 일어서는 오뚝이가 되었다.

병원은 어른도 아이도 환자가 되면 별난 세상에 있다. 다리를 싸매고 팔을 싸매고 코까지 싸맸다. 굳이 얼굴을 보지 않아도 저들 속에 내가 있다. 마취에서 덜 깨어났는가? 실핏줄만 바쁜지 세상이 비몽사몽 취해 있다.

입원이 처음에는 몹시 낯설고 힘겨웠지만 시간이 흐르며 나름 질서가 잡히고 여기도 사람 사는 동네다. 흰쌀밥에 밋밋한 국과 한두 젓가락 반찬 몇 가지다. 고기나 술맛은 잊은 지 이미 오래고 짜게 먹으면 안 된다.

신음소리 깊어지며 하룻밤 사이 천 년의 밤이 간다. 비록 극한의 상황이었지만 그래도 멀쩡한 사지에 생각하는 머리, 밝은 눈, 들을 수 있는 귀, 말할 수 있는 입, 뜨거운 심장을 고스란히 돌려주셨음에 고마울 뿐이다.

인생이란 시기질투하다가도 그 절묘한 순간에는 화해할 줄을 아는 것이다. 끊임없이 생각하며 행동할 줄을 아는 것이다. 참고 기다릴 줄을 아는 것이다. 내일을 위해 아끼고 저축하는 것이다. 웃고 울 줄 아는 것이다.

배우고 투자할 줄 알기에 보다 더 소유하려 다투며 경쟁하는 것이다. 많은 것 중에 사랑하고 배려하며 나눌 줄 알기에 인생이 꽃보다 아름다울 수 있는 것이다. 저 아름다움 속에 살고 있는데 왜 이제 눈에 들어올까.

겨울 햇살 쏟아지는 창밖을 보라. 그 얼마나 따스하고 신선한지. 분주한 발길에도 삼삼오오 거니는 사람들을 보라. 아가의 손을 잡은

걸음걸음은 바쁨 속에도 여유로움이 묻어나는 그대로 한 폭의 그림이지 않는가.

가던 길을 잠시 멈춰서 서성거리고 주춤주춤 지나온 일을 되돌아보며 명상에 잠기는 것은 그간의 잘잘못이 걸러지고 알아보기조차 겨울만큼 미세한 알갱이 같은 것들이 앙금으로 남아 하나의 매듭을 만들기 위함이다.

새로 도약하기 위한 출발점이고 정지선을 찾는 것이다. 머뭇머뭇 인생은 그렇게 허물벗기를 한다. 어느 길목에서 오던 길을 무심코 돌아보면 허공에 찍힌 무수한 발자국들이 넉넉함도 부듯함도 없이 막막하기만 하다.

때로는 부족함으로 뒤엉켰어도 너무 서운해 마라. 그런 망상에 잡히려거든 아예 돌아보지를 마라. 다시 가야할 험한 길에 밑돌이 되고 디딤돌로 떠받쳐줄 것을 은근슬쩍 기대도 하면서 인생은 그렇게 허물벗기를 한다.

병원을 나서며

많은 사상자가 난 큰 사고에서 비록 코뼈가 내려앉고 혀가 찢기며 오른쪽 갈비뼈(3, 5, 6, 9번) 4대가 부러졌어도 그만하니 감사합니다. 이만하면 사지 멀쩡하여 먹고 마시고 배설하는데 모자람이 없으니 이 또한 감사합니다.

곧 회복된 일상으로 돌아갈 것입니다. 세상이 밝고 더 아름답기만 합니다. 전보다 더 잘 보일 것입니다. 새로운 깨달음을 주셨습니다. 정말 감사합니다. 어려운 중에도 염려하는 전화와 직접 찾아 문병까지 해주셨습니다.

세상이 온통 따습게 여겨집니다. 아직 해야 할 일이 남아있기 때문일 겁니다. 이 또한 감사합니다. 받은 은혜도 조금씩 갚아나가야 합니다. 그래야 가슴을 펴고 홀가분해질 수가 있습니다. 함께 더불어 가는 세상입니다.

수없이 바라보았던 하늘인데 파란 하늘 흰 구름이 둥둥 떠갑니다. 저토록 황홀하고 저토록 아름다울 수가 없습니다. 교통사고로 생사의 갈림길에서 툭툭 털고 나온 발길은 이제 아찔했던 기억들을 빨리 지우고 싶습니다.

부러지고 꺾인 가지며 짓눌렸던 줄기도 새싹을 틔우고 꽃을 피웁니다. 되돌릴 수 없는 사고로 엉망진창 된 망령에서 훌훌 벗어나 참혹했던 기억을 지우고 생동하는 새봄, 푸르른 웃음 머금으며 노래를 하고 싶습니다.

금년 한 해를 막연히 그려봅니다. 이것저것 모두 접어두고 가능하면 봄날에는 들밭에 개나리보다도 샛노란 유채꽃이다가 여름이면 뒷동산 울창한 참나무 숲이다가 가을에는 억새꽃을 찾아 이곳저곳 둘러보고 싶습니다.

또 가을에는 농부의 피땀으로 어렸다가 발갛게 익어 단물 씹히는 사과였다가 겨울에는 못 다한 이야기는 푸름으로 눈밭 소나무로 남고 싶습니다. 지나는 바람에 몸을 툭툭 털며 햇살 고운 아름다운 세상이었음 합니다.

넉살좋은 산꿩은 풀숲 어디쯤인가 숨어 꿩꿩 산자락을 울리며 그리운 임을 불러냅니다. 마침내 태어난 올망졸망한 꺼병이 가족이 쫓기듯 빠른 걸음입니다. 시커멓게 몰려오는 구름은 마음껏 빗줄기를 쏟아내 가뿐합니다.

가없이 높고 가벼워진 하늘은 새아기 이불 목화솜 같은 흰 구름을 살짝 하늘자락에 내걸었습니다. 그토록 무덥던 더위를 서서히 밀쳐내고 제법 선선해진 바람이 스며들며 귀뚜리가 가을을 재촉하며 노래하는가 봅니다.

원색으로 활활 타오르는 가을날의 축제한마당 단풍입니다. 모두 비운 듯이 의연한 모습으로 산은 동안거에 접어듭니다. 비스듬한 산길을 터벅거리며 거닐다 이름 모를 작은 풀이었다가 한 그루 나무였으면 좋지 싶습니다.

짧은 인생이라지만 눈 깜짝할 사이에 운명이 뒤바뀔 수 있는 교통사고였습니다. 우선은 내가 잘 하여야겠지만 그로는 부족합니다. 만남도 인연이라면 삶의 영역에서 무심코 오가며 스쳐가는 이웃도 잘 만나야 합니다.

산에서는 산을 몽땅 가지려는 듯 욕심을 내지 않겠습니다. 몇 포기 풀이며 몇 그루 나무며 몇 덩이 바위에서도 순수한 자연미가 드러남을 느낍니다. 많이 가고 높이 올라야 자연의 품속에 다가가는 것이 아님을 압니다.

바다에서는 바다를 몽땅 품으려고 않겠습니다. 저 멀리 수평선으로 이어지는 물결 따라 몇 마리 생명체와 비릿한 갯냄새에서 나름대로 바다를 느껴가며 오로지 자연이란 이름의 당신 마음만을 슬쩍 안아 보겠습니다.

제4부

그류 그런디 그게 어디 그류

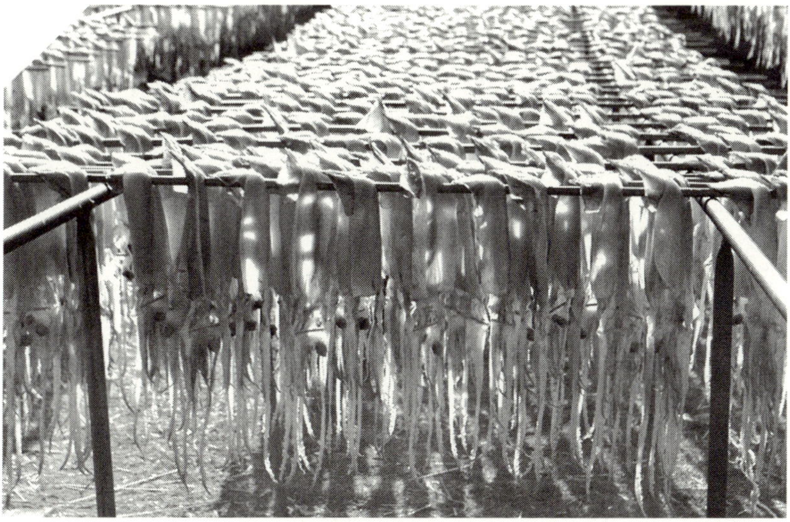

동해안 오징어 피대기

2014년 갑오년 해맞이

한 해를 보내며 너무 부족했음에 어찌 아쉬움과 씁쓸함이 없으랴. 한 해를 맞으며 새로운 희망과 넘치는 꿈에 어찌 설레지 않으랴. 이제 버릴 것은 버리고 새로움을 찾아서 제야의 종소리를 들으며 동해안으로 가고 있다.

날씨가 다소 풀렸다고는 하여도 자정을 넘나드는 한겨울 추위는 쌀쌀하게 덤벼들지만 고속버스는 매몰차게 털어버리며 어둠을 헤집고 힘차게 앞으로 내닫는다. 엔진소리가 정적을 깨고 도약의 발돋움처럼 숨결을 높인다.

여느 날과 크게 다름없지만 떠나는 가슴 가슴에는 나름대로 저마다 새해에 거는 기대와 포부를 안고 있기에 가족과 함께 친지와 함께 모임에서 혹은 혼자 떠나더라도 피로감보다는 결연한 마음들로 다소 들떠있다.

창밖에서는 추위에도 하늘에 별들이 속삭이고 차내에선 포근함 속에 들떠 도란거리고 있다. 이미 잠 속으로 푹 빠져있는 사람도 있고 쉽게 잠들지 못해 열린 마음의 창으로 이런저런 생각들을 곱씹으며 뒤척거리기도 한다.

새벽 4시 영덕의 해맞이공원이다. 좀은 외진 곳이지만 벌써 사람들로 북새통이다. 새해 첫 해돋이를 보기 위해 몰려든 사람들이다. 저 속에 건강미 넘치는 때 묻지 않은 웃음과 따스한 인정이 곁들여있어 온기가 감돈다.

해야 날마다 떠오르는 것이 아니냐고 할지 모른다. 하지만 새해 첫날이라는 의미가 담겨있는 것이다. 해야 어디서 보든 그게 그것 아니냐고 할지 모른다. 하지만 조금이라도 일찍 명소로 알려진 곳에서 보고픈 것이다.

새해 첫날 우리나라의 해돋이는 독도지방이 7시 26분으로 가장 빠르다. 해돋이는 약간의 시간적인 차이가 있을 뿐 그 어느 곳에서도 볼 수는 있다. 시내와 산상에서 볼 수 있고 남해상은 물론 서해상에서도 볼 수 있다.

하지만 해돋이는 아무래도 동해상에서 떠오르는 해가 더 바람직스럽다고 여기며 여행을 겸해 동해안 곳곳에 100만 명의 인파가 몰려서 아수라장이라고 한다. 해돋이를 보는 것도 경쟁적이라고 할 만큼 폭발적인 인기다.

남녀노소의 구분이 없다. 마음만 먹으면 훌쩍 떠나 수많은 인파 속에서 추위에 발을 동동거리고 얼굴을 감싸며 조금은 지루할 만큼 기다림의 시간을 갖고 어느 한순간 불쑥 솟아오르는 장황한 모습에 빠져들며 감탄한다.

날마다 떠오르는 태양이지만 잉태하였다가 순산하듯 그 절차는 엄숙하다. 수평선 주위는 진통의 아픔을 겪듯이 하늘도 바다도 벌겋게 물이 들었다. 그 빛깔이 점점 더 붉어지면서 혀끝을 날름 밀어 올려 솟았다.

3시간이 넘도록 잠복근무를 하듯 몫 좋은 곳에서의 기다림 끝에 기대를 저버리지 않고 7시 39분에 환호성과 함께 숨 막힐 듯 찾아든 고요는 그 누구도 끼어들거나 범접할 수 없는 신성함이었다. 한 해의 기도였다.

해가 불쑥 떠오르는 순간은 참으로 신비스런 모습이랄 수밖에 없다. 평소의 태양보다 훨씬 크고 새빨갛고 눈부시게 쏟아지는 빛이 없어도 더 경외감과 황홀함에 빠져들었다. 마음을 정갈하게 하고 잡념을 씻어내었다.

약간의 해무 위로 빛살 하나 없이 그냥 시뻘건 불덩어리로 둥그렇게 올라서더니 달나라 계수나무처럼 구름이 퍼포먼스를 펼치는 동안 마술을 보듯 금빛으로 변하면서 똑바로 볼 수 없을 만큼 눈부신 햇살을 뿌렸다.

해무가 사라지고 수평선이 점점 멀어지면서 바다는 끝을 드러내지 않았다. 섬이 없는 동해는 남해보다 더 넓어 보였다. 비록 10분도 안 되는 시간이지만 이 순간을 위하여 멀리서 달려오고 기다리며 보람으로 남았다.

하늘은 푸르고 바람은 잔잔한데 시퍼런 바다에 금빛 찬란한 카펫을 펼친 듯 햇살이 퍼져나가고 철썩 철썩 푸른 파도가 밀려왔다. 올해는 갑오년 청마의 해다. 말발굽소리가 가슴으로 달려들고 있는 듯이 상기되었다.

태양이 떠오르는 그 순간 저 당당하고도 결의에 찼던 의연한 눈빛이며 넘쳐나는 희열과 쏟아져 나오는 순수의 고고한 외침으로 진동하는 소리를 들었는가. 또랑또랑한 눈동자처럼 말간 기운이 스며들지를 않았던가.

가족의 건강과 행복과 사업의 번창과 순탄한 직장과 각자의 사연을 엮어 한 해의 소원을 간구하며 기원하지 않았던가. 꿈은 이루어진다고 했다. 그러나 그냥 이루어지는 것이 아니므로 그에 못지않게 노력해야 한다.

이처럼 해돋이는 한 해의 엄숙한 출발선에서 정갈한 마음으로 세운 계획에 대한 자신과의 무언의 약속이며 다짐이고 힘찬 출발의 신호였다. 또한 성공을 위한 자신감 넘친 축포이고 환호성이며 축제 한 마당이었다.

새해 일출

새벽같이 수평선 붉게 물들인 산통
벌겋게 치솟은 둥근 불덩이
어둠 밀쳐 온 누리 훤히
금빛햇살 펼치니
새들도 비상하는
갑오년 새아침
잠시 머뭇거린 청아한 바람
굽이치는 동해 푸른 물결
힘차게 지축을 울린 청마 발굽소리.

— 갑오년 새아침

생명의 빛 신록의 계절

요즘 길을 나서면 신록으로 세상이 산뜻하니 호흡하기 편안하며 밝고 활기가 붙는다. 처음 새싹이 돋아날 때는 청순가련하지 싶다가 점점 생기가 넘쳐흐른다. 온통 초록바다 연초록물결로 일렁거린다. 참 좋은 봄날이다.

오월의 여왕이라고 찬양하였던 짙은 향기에 라일락도 이제는 사월의 꽃으로 앞당겨서 피고지고 있다. 더불어 신록도 사월 하순이 한창이다. 연초록에서 점점 짙어져 산자락을 타고 오른다. 참으로 좋은 신록의 계절이다.

연초록의 물결은 단숨에 타고 오르기에 벅찬지 산 중턱에서 뭉게구름처럼 뭉크러져 쉬어가고 있다. 그 보들보들한 잎들이 바람을 타고 살랑거리는 모습이 눈앞에 꿈틀대는 생명처럼 아른아른 생동감으로 성큼 다가선다.

나무를 바라보고 있노라면 나무는 보이지 않고 오로지 신록만 들어온다. 티 없이 산뜻하면서도 야들야들하니 희망 같은 것이 담겨있다. 한 마디로 신바람이 마구 솟구쳐 오른다. 초봄 그 화려한 모습의 꽃과는 또 다르다.

신록은 굳이 무슨 나무냐 물을 필요가 없다. 들녘에 초원을 이루는 풀숲도 좋지만, 겨우내 비웠던 산자락을 채워가는 모습은 가히 환상적이다. 빤히 보고 있어도 금세 잎들이 자락을 펼쳐 기쁨 넘친 춤사위를 벌이고 있다.

신록은 마음에도 가득 채워지는 뿌듯한 느낌으로 충만해진다. 뭔가 많이 먹고 마신 것과는 사뭇 달리 더부룩함보다는 신선하니 초롱초롱해진다. 그만큼 순화되어 함께 새싹이라도 돋으려는 듯 가슴 설렘으로 야릇해진다.

이런 날 창 너머로 방안에서 내다보는 정원이나 조금 멀리 들어오는 산자락을 바라보는 것도 괜찮지만, 그보다는 훌훌 털고 일어나 길을 나서면 더없이 좋다. 홀가분한 마음으로 나무 밑을 걷거나 산길을 걸으면 더 좋다.

여기에 산들산들 바람이 불어온다. 그 바람결을 타고, 비록 그 이름은 잊었지만 감미로운 새들의 노랫소리까지 실려 오면 정말 황홀하지 않으랴. 그래서 봄날에 이따금 숲길을 걸어가노라면 형용하기 어렵도록 상쾌하다.

찔레 순이 한 뼘쯤 돋아났다. 지난 가을 외로운 듯 강인하게 휘저으며 나그네의 마음을 흔들던 억새는 누런 묵은 대궁 그루터기가 되어 새순이 비집고 나와 함께 어우러졌다. 한참 신구의 세대교체가 이루어지는 중이다.

연초록의 신록에서 풋풋함이 출렁거린다. 건강한 생명의 숨결이 묻어난다. 새 생명에 축복의 손길처럼 따사로운 햇살이 쏟아진다.

벌써 초록은 동색이라는 말처럼 한 덩어리 물결이 되어 깃발처럼 자연스럽게 흔들고 있다.

언제 함께 호흡을 맞춰보았는지 아주 세련된 모습으로 카드섹션이라도 펼치는 듯싶다. 산자락이 일사불란하게 엎치락뒤치락하는 모습에 홍얼홍얼 함께 마음의 춤을 추고 있다. 이만 하면 신록도 훌륭한 하나의 봄꽃이다.

때가 묻지 않은 순수가 곁들여져 있는 연초록의 물결은 나무마다 제 모습을 찾아가기 전에 더불어 어우렁더우렁 춤판을 펼칠 수 있는 봄날에 맞는 자연의 축제다. 헐벗었던 몸을 치장하며 참 모습을 내보이는 축복이다.

한 해 생명줄을 잇기 위한 제 몫의 역할을 다하려는 출발선상의 서로를 향한 눈빛이고 손짓이며 건강한 다짐이기도 하다. 우리는 초록빛 그 풋풋함이 넘치는 생명력에서 활력을 되찾는다. 봄날의 연초록빛 물결이 좋다.

농부는 논밭을 돌아보며 씨앗을 파종한다. 못자리를 만들고 한 해 농사의 시동을 건다. 부족했던 지난해를 깔끔하게 털고 희망 넘쳐 바쁜 걸음을 시작한다. 까치도 때를 놓치지 않고 묵은 집을 둘러보며 새집도 장만한다.

연초록 물결은 모두를 휘감듯 온 세상을 푸름으로 덮어 간다. 본격적 삶의 레이스에 들어가면 곁을 볼 사이도 없이 앞만 보고 가기에도 헐떡거린다. 저 여린 듯 왕성한 연초록 물결 따라 휘휘 한 바퀴 돌아보는 것도 좋다.

당연한 듯이 사월은 잔인한 달이라고 한다. 하지만 이제는 그렇지 않다. 오히려 열매를 맺는 축복의 달이고 자랑스러운 달이다. 온갖 나무들이 연초록 속살을 드러내면서 돋아나는 부활의 달이고 희망이 넘치는 달이다. — 2014. 04. 25.

절밥

사월의 신록은 하도 세상이 어수선해서 인간이 그 축제를 취소한다 해도 자연은 한 치도 머뭇거리거나 멈추지를 않는다. 굳이 스스로 자연축제라고 거창하게 이름붙이지 않아도 절로 분위기가 연출되고 있는 것이다.

신록은 자연이 인간에게 주는 놓칠 수 없는 봄날의 선물이다. 빈가지에 돋아나는 때 묻지 않은 순수의 면면을 보면서 깨달음에 정화되기도 한다. 잡념을 지우면서 편안한 마음으로 발걸음도 가볍게 산길걷기를 즐긴다.

인근에서는 오래 전부터 춘마곡 추갑사라는 말이 사람들의 입에 오르내릴 만큼 갑사의 가을 단풍이 좋다면 봄날은 마곡사의 신록이 으뜸이지 싶다. 대뜸 곳곳에서 뭉클뭉클한 신록의 싱그러움이 넘쳐 풋풋함이 묻어난다.

마곡사는 아주 유서 깊은 천년 신라의 사찰이다. 하지만 평소에는 다소 고즈넉한 곳이다. 그러나 오늘은 주말인데다가 신록이 한참 피어나고 초파일이 가까워 신도들이 순례를 하는 탓인지 제법 사람들이 모여들었다.

새삼 세월의 나이를 먹었음을 인식하는 곳은 아무래도 매표소 앞이다. 경로자우대로 입장료가 면제된다. 몇 천원이지만 외관상 대접을 받을 수 있는 곳이기도 하다. 한 편으로는 늙어간다는 마음에 좀 섭섭하기도 하다.

아직 부처님 오신 날이 열흘이나 남았는데 생각지 않게 점심공양을 받게 되었다. 오래 전에 초파일날 속리산에 갔다가 법주사에서 맛본 절밥이다. 그런데 오늘이 마침 영산전법회가 있는 날로 많은 신도들이 모였다.

자그마치 2천명 분 점심을 준비하였단다. 법석을 떨어도 누구나 예외 없이 도착한 순서에 따라 길게 열을 서고 차례를 기다리며 음식을 받아가게 된다. 비록 짧은 시간이지만 지루하게 느껴지고 침을 꼴깍거리기도 한다.

음식의 면면을 살펴보면 그리 특이한 것은 없다. 비빔밥으로 콩나물, 무생채, 표고버섯, 나물, 김이 담긴 그릇에 밥을 푸고 고추장 한 스푼 푹 떠 넣어준다. 여기에 열무김치 한 보시기가 전부인 아주 단출한 식단이다.

그것도 햇볕을 피해 여기저기 순간적으로 눈에 띄는 공간을 눈치껏 찾아들어 쪼그리고 앉거나 쪽마루 한 쪽에 걸터앉아서 먹는 절밥공양이다. 투덜거리는 사람 없이 기다린 시간과는 달리 삽시간에 후딱 먹어치운다.

그것 참, 쓱쓱 비벼 입에 넣으면 그 맛은 무어라 형용할 수 없다. 남녀노소가 마주보고 있거나 곁에 있어도 체면이고 뭐고 없이 맛에 취한 듯이 뚝딱 먹어치운다. 조금은 서운한 양 쩝쩝거리며 빈 그릇을 내어놓는다.

사실 음식이래야 어느 식당에 가도 이보다는 낫고 편안하게 먹을 수 있을 것이다. 하지만 그와는 달라도 너무 다르다. 우선 받아들이는 마음부터 달랐다. 산사라는 분위기도 그렇겠지만 좀처럼 맛보기가 힘든 별식이다.

나만 그런 것이 아니다. 그 많은 사람들 중 그 누구도 음식이나 불편한 자리로 타박하는 이는 없다. 그러니 뒤끝 뒷맛도 좋다. 시장이 반찬이라는 말도 있지만 내가 좋아 열을 섰고 이색적인 체험이기 때문일 터이다.

마곡사는 명성황후 시해의 분노로 일본장교를 죽이고 탈옥하여 일제의 눈초리를 피해 은거하던 백범 김구 선생이 삭발하고 일시 출가하여 승려가 된 곳이기도 하다. 선생이 거닐던 명상의 길이란 산책로가 생겨났다.

그 명상의 길을 걸어본다. 냇가를 타고 가는데 심한 가뭄에 물이 별로 흐르지 않지만 산골물은 이따금 소리를 높이는 여울물이다. 곳곳에 영산홍과 철쭉이 제철을 만났다고 활짝 피어 밝히고 산새가 목소리를 더한다.

길가에 쑥은 메말라 제대로 올라오지 못해 오종종하지만 물가는 그래도 쑥쑥 올라왔다. 대궁을 꺾는다. 독특한 향기가 확 번진다. 저 향기가 쑥떡거리며 봄날 개피떡으로 거듭나 여러 사람의 입맛을 사로잡기도 한다.

싱그러움 넘친 신록의 물결과 함께 청아한 바람이 스며들고 훈훈한 인심과 고운 마음도 뒤섞여 있었다. 백년을 가슴에 품은 은은한 소나무향기도 묻어났다. 절밥공양에 불기 2558년 부처님의 자비까지 곁들여 있었다. — 2014. 04. 26.

붉은머리오목눈이와 뻐꾸기의 동행

참새목의 붉은머리오목눈이는 잡목과 수풀 속에서 주로 벌레를 잡아먹으며 집단으로 살아간다. 우리나라 전역에 사는 흔한 텃새로 몸집이 작고 앙증맞은 것이 귀엽게 생겼다. 있는 듯 없는 듯 재잘거리며 살아간다.

두견과의 뻐꾸기는 여름철새로 보통 10여 개의 알을 낳는데 한 곳에 집을 짓고 알을 낳아 품지 못하기에 이곳저곳 각기 다른 뗏새의 둥지에 몰래 찾아들어 한 개씩 슬금슬금 낳고는 속여 기르는 얌체 같은 녀석이다.

붉은머리오목눈이

물론 제 알을 낳고 품어 부화하여 직접 기르지 못하는 뼈저린 아픔을 지니고 있다. 새끼에게 가까이 다가갈 수 없는 운명적 인과응보에 피를 토하듯이 이곳저곳을 바쁘게 옮겨 다니며 곁눈질에 애절하게 울부짖는다.

한 편으로는 동정심이 가기도 하지만 아무래도 그것은 아니지 싶다. 붉은머리오목눈이는 보통 13~15일 만에 부화하는데 뻐꾸기는 그보다 하루쯤 빨리 부화될 수 있도록 치밀하게 계산하여 남의 보금자리를 넘본다.

뻐꾸기

노심초사 끝에 적당한 곳을 골라 알을 낳는다. 먼저 부화된 뻐꾸기 새끼는 3일간은 본능적으로 양부모의 품속에서 틈만 나면 온 힘을 다하여 오로지 다른 알과 늦게 깨어난 새끼들을 둥지 밖으로 밀쳐내어 죽게 한다.

끝내 혼자 살아남은 뻐꾸기 새끼는 천연덕스럽게 둥지를 독차지하고 붉은머리오목눈이 어미가 물어다주는 먹이를 먹고 무럭무럭 자란다. 양부모보다도 몸집이 훨씬 큰 녀석은 먹이가 적다고 앙탈에 보채기까지 한다.

그러면 아무 것도 모르는 양부모는 이번에는 별난 녀석이 태어났다고 오히려 내심 흐뭇해하며 열심히 벌레를 잡아 먹인다. 제 새끼를 모조리 죽인 원수를 저리 끔찍이도 여길까나. 참으로 안쓰럽고도 무모한 짓이다.

이처럼 뻐꾸기는 제 알을 품지 못하고 남을 속여 가며 몰래 떠맡겨 길러야 하는 운명이다. 자식 앞에 떳떳하게 나타나 먹이를 물어다주지도 못하는 신세다. 늘 주위를 맴돌면서 은근슬쩍 바라보고 애태우는 마음이다.

제 핏줄을 찾아 하루에도 몇 번씩 새끼가 기거하는 보금자리 근처에 날아와 '뻐꾹 뻐꾹' 목이 쉬도록 '네 신분을 잊지 마라' 일깨우고 있다. 어서 쑥쑥 자라나 대열에 돌아올 날을 목이 타도록 기다리고 있는 것이다.

아무리 종족번식과 보존이란 명목이지만 저리도 감쪽같이 속이고 속을 수 있을까. 참으로 처절하면서도 잔인한 것이 목숨이 아닐까 싶다. 어미는 그렇다 치더라도 새끼까지 저리 능청스럽고도 뻔뻔스러울 수가 있을까.

새끼는 살아남기 위한 본능에서 양부모의 새끼를 모조리 희생시키고 혼자남아 호의호식하다가 어느 날 갑자기 '나는 너희와 다른 피가 흐르는 뻐꾸기' 라고 매정하게 등지고 종족의 무리를 찾아 미련 없이 떠나간다.

양부모는 자기 자식들을 송두리째 죽인 원수라고 꿈엔들 생각이나 했을까. 애지중지 가슴에 품고 뒷바라지하며 길러내는 멍청함은 지켜보는 마음마저 피눈물에 젖게 한다. 뻐꾸기와 붉은머리오목눈이의 질긴 악연이다.

오늘도 저만큼서 '뻐꾹 뻐꾹' 울음소리가 들려온다. 그저 구수하게 들려오지 싶더니 애절한 쉰 목소리다. 어디서 무슨 거대한 음모라도 벌어지고 있는 것은 아닌지. 비명소리는 아닌지. 갑자기 정신이 퍼뜩 들게 하였다.

그류 그런디 그게 어디 그류

충청도 인심이 어디 그렇게 냉정하리만치 똑 부러지도록 면전에서 거절을 할 수 있었던가. 따라서 말씨조차 때로는 그저 장단이라도 맞추는 것처럼 '그류~, 그류~' 하며 동화되어 간다. 아무래도 인정이 넘치기 때문일 것이다. 약삭빠른 사람은 그래 이쯤 됐으면 마음을 완전히 홀려놓았겠지 하며 안심하였을 것이다. 그러나 끝까지 들어보아야 한다. 막판에 '그류, 그런디 그게 어디 그류~' 한 마디로 일격을 맞는다. 감정이 절정에 올랐다가 그야말로 파격을 맞는 것이다. 단숨에 사태는 역전되어 뒤엎어지고 만 것이다.

상대방의 이야기를 들어줄 것은 차분하게 다 들어주면서 덩달아 신바람까지 피웠으니 당혹스럽기도 하다. 그만큼 참을성이 있고 더불어 이해심이 있고 함께하려는 배려하는 마음을 지녔으며 태생적으로 여유를 갖고 되새김질을 해보는 듯싶은 느긋함이 묻어나기도 한다. 좀은 답답하지만 상대방의 마음을 크게 상하거나 오해 사지 않게 하면서도 자신의 의사를 나름대로 드러냈다. 쉬이 저버리지 않는 지조에 의리까지 담겨있으니 멋들어진다. 상대방도 밉상만은 아닌 다소 섭섭함으로 얼버무릴 수밖에 없었을 것이다.

점심때를 훨씬 지나 출출하니 시장기를 느끼며 식당 근처를 지나다가 안면이 있는 사람을 만났다. "안녕하세요? 어떻게 점심식사는 하셨는가요?" 라고 물어온다. 뱃속에서 꼬르륵 소리가 금세 밖으로 뛰쳐나올까 걱정스럽다. 그래도 시침을 뚝 떼고 "아 예, 진즉에 먹었구먼유." 점잖게 체면치레를 한다. "그러셨군요. 그럼 먼저 실례하겠습니다." 하면서 그냥 식당으로 들어가면 한 귀퉁이 섭섭한 감정이 솟구치면서 속으로는 "그류, 그런디 그게 어디 그류~, 밥 한 그릇 함께 한다고 어디 덧나남유." 꿀꺽 침을 넘긴다.

장날 먼 길에 고개를 넘으면서 덜렁거리는 차를 몰고 가는 사람과 마주친다. "아이고, 어딜 그렇게 다녀오시는가요? 함께 타고 가시죠." 하면 못 이기는 척 날름 타면 될 것을 "아니유, 이제 다와 가는 걸유 괜찮아유." 하며 뭔가 모를 자존심을 지킨다. 그러다 "예, 그럼 천천히 오세요." 하고 그냥 가버리면 그래도 속으로는 서운한 마음이 드는지 "그류, 그런디 그게 어디 그류~, 힘들어 죽겠는디 좀 태워다 주면 안 되남유." 은근슬쩍 푸념이다. 그래도 내가 조금 더 참으면 되지 구태여 신세지고 싶지 않았던 것이다.

길거리에서 지인과 오랜만에 마주친다. "아이고, 오래간만입니다. 그래 댁내 다 무고들 하시고 아이들도 잘 지내지요? 공부 잘하고 직장도 잘 다니고 있지요?" 물어오면 "그럼유, 항상 덕분에 잘 지내구말구유." 한다. "예, 그랬군요. 정말 잘 됐네요. 워낙이 아이들이 부모님을 많이 닮아서 착하고 공부도 잘할 거예요."란 말에 은연중 흐뭇함도 배어나온다. 그런데 우리 아이 녀석은 어떻고 주저리주저리 늘어놓는다. "그류, 그런디 그게 어디 그류~, 아이고 내 속 썩는 것을 누가 알아유, 말도 말아유." 혼자 중얼거린다.

선거철이 다가왔다. "그래도 이 아무개가 이런저런 훌륭한 일을 많이 하였으니 이번에도 그를 다시 뽑아야지요." 하면서 말이 길어지면 중간 중간에 곧잘 '그류~, 그류~' 하면서 적당히 동조하는 듯싶다가 막판에 "그류, 그런디 그게 어디 그류~, 그게 어디 한두 번 속아 봤남유." 정색을 한다. 그야말로 막판 말 한 마디로 순식간에 긍정이 부정으로 역전되어 안도하는 눈초리에서 느닷없이 뒤통수 맞고 어안이 벙벙하도록 낭패하는 기색이 역력해진다. 정말 속수무책으로 촌철살인이란 말이 뜬금없이 입가에 뱅뱅 돈다.

한 신사가 충청도 서북부지방을 지나가는데 길가에서 한 아낙이 수박을 팔고 있었다. 신사는 차를 멈추고 "그 녀석 아주 잘 생긴 것이 먹음직스럽다." "이 수박 얼마 드리면 될까요?" 아낙은 좀처럼 말이 없다. "아주머니, 이 수박 얼마짜리요?" 되묻자 머뭇거리다 하는 말이 "난 잘 몰라유, 손님이 알아서 주세유." 한다. 잠시 망설이다가 "그럼, 만 원이면 되겠어요?" 하면서 돈을 꺼내들었다. 아낙은 멀건이 쳐다보다가 "냅둬유, 집에 가서 돼지나 줘버릴래유." 퉁명스럽다 못해 아리송함에 뒷목이 뻣뻣하였다고 한다.

알아서 주라고 하고는 막상 내심 바라던 가격에 못 미쳤던지 겨우 한다는 말이 '냅둬유', '돼지나 줘버릴래유' 라는 뚱딴지같은 대답이다. 동문서답이지 싶지만 그 말에는 가시가 들어있다. 겨우 만 원이 무어냐는 것이다. 너무 억울해서 그렇게는 못 팔겠다는 것이다. 그럼 만 오천 원이라든지 이만 원이라고 하면서 흥정을 하면 될 것을 굳이 내가 얼마요 하기보다는 우선은 상대방이 스스로 가격을 제시하게끔 하는 다소의 여유도 있었던 것이다. 흥정이 잘되는 성싶다가 막판에 '그류, 그런데 그게 어디 그류~' 나 크게 다름없다.

이처럼 처음부터 약삭빠르게 대놓고 이러쿵저러쿵 하지 않는다. 알고도 모르는 척 하는 것인지 모르고도 아는 척 하는 것인지 종잡을 수 없다. 어지간하면 혼자 끌어안고 살아온 것이 아니었던가 싶다. 그러려니 속이 편할 일도 별로 없었을 것이나 어쩌랴, 그렇게 천성처럼 살아왔고 또한 당연한 것으로 받아들여 왔을 터이니 말이다. 하기야 터놓고 말해봤자 좀은 속 보이는 것 같다거나 남 헐뜯기를 즐겨하는 방앗간 참새들에게 쓸데없는 소문만 눈덩이처럼 부풀어서 곤혹스러운 처지에 빠지게 될 경우도 있었을 것이다.

이제는 젊은이들이 교육도 많이 받고 보고 듣는 것도 많아져 좀처럼 보기 어려운 모습이다. 그래도 나잇살이나 드신 분들에게서는 생활습관이나 곳곳에서 자주 보고 겪어왔던 것이기에 향수처럼 남아 있지 싶다. 삶이란 것이 꼭 흑백논리에 가깝게 너무 똑똑 부러지거나 냉정할 수만은 없는 것이다. 그렇다고 겉 다르고 속 달라 마음에 없는 말을 의도적으로 담거나 노골적으로 기만하기보다는 좀은 유연함에 그래도 은연중 상대를 포용하려는 보다 폭 넓은 마음을 지니고 있었던 것은 아니었을까 곰곰이 생각을 해본다.

때로는 생각지 않은 손해를 보는 경우도 있었을 터이고 상대방에게 얄잡아 보이는 경우도 있었을 것이다. 그래도 이 얼마나 꾸밈없고 느긋하니 여유가 있는가. 맺고 끊음에 다소 흐리멍덩하다느니 믿을 수 없다고 매도당할 수도 있었겠지만 그래도 어디서 그런 구수 텁텁한 된장냄새 같은 맛을 느껴보랴. 그러나 이제는 흘러간 이야깃거리가 되었을 뿐이다. 그만큼 너무 잇속이 빨라지고 인정미도 야박하게 변하였구나 싶어서인지 '그류, 그런디 그게 어디 그류', 곱씹어 보면서 괜스레 피식피식 절로 웃음이 흘러나왔다.

팽이 같은 인생

올해는 예년보다 십여 일이 나 일찍 장마가 찾아왔고 많은 비에 범람하여 농촌은 농촌대로 달동네는 달동네대로 저지대는 저지대대로 유원지는 유원지대로 울상을 짓게 하였다. 큰물이 지나고 나면 으레 연례행사처럼 하천주변은 쓰레기로 몸살을 앓아야 했다.

대전의 버드내만 해도 그렇다. 그간 금강 살리기 일환으로 수백 아니 수천 억원 돈을 거침없이 쏟아 부으며 하천 바닥을 파내고 제방을 다시 쌓고 나름대로 그럴 듯하게 정비를 하면서 잘하는 일이다 낭비다 말도 많았지만 외관은 깔끔하니 보기 좋게 포장되었다.

하지만 예측이 빗나갔는지 물이 넘치면서 온갖 쓰레기를 뒤집어썼다. 늦장에 건성건성 치우는가 싶더니만 더 큰물이 들이닥치면서 미처 치우지 못한 쓰레기는 그대로 떠내려가고 다시 더 많은 쓰레기가 몰려들면서 나무나 난간에는 쓰레기가 덕지덕지 걸렸다.

어디 그뿐인가, 냇바닥은 엉망이 되었다. 곧고도 판판하게 잘 골라서 물길을 만들었지만 웅덩이를 파고 모래자갈을 따로 쌓아놓는가 하면 한 쪽을 푹 떠내고 굽이굽이 자연스럽게 흘러갔다. 둑을 깨끗이

훑아가고 고수부지는 두더지가 들쑤셔놓은 것처럼 되었다.

버드내는 이제 단순한 하천만이 아닌 대전시민의 생활의 텃밭이다. 남녀노소가 수시로 산책하며 자연과 함께하는 생활공간인 공원으로 거듭나 하루에도 수백 수천 명이 오가고 있다. 그런데 열흘이 넘어도 쓰레기를 치우지 않고 있다. 무슨 배짱인지 모르겠다.

마치 물폭탄을 맞은 현장을 그대로 보관하거나 더 많은 비가 내려 거두어가길 바라는 얄팍한 속셈은 아닌지 싶어진다. 엉망진창 만신창이로 원점 이전으로 돌아간 정비 사업은 그렇다 치더라도 꼴불견에 역겨운 쓰레기는 서둘러 치우는 성의를 보여야 했다.

팽이는 그냥 놔두면 주저앉아버리고 채찍을 맞아야 비로소 씽씽 돌아가며 살아남는다. 언제부터인가 공공기관이 팽이를 닮아가고 있는지 모른다. 참으로 안타깝고도 아쉬운 일이다. 여기저기서 눈살을 찌푸리고 자꾸 싫은 소리를 해야 마지못해 하는 모습이다.

이제 다시 장마철이다. 어차피 해야 할 일이면 요리조리 이유만 대고 빠져나가려다 밉상으로 되레 눈총을 받는다. 같은 일을 하여도 때가 있다. 그 시기를 놓치면 그만큼 민원에 원망의 대상이 되기도 한다. 사람은 팽이가 아니다. 솔선수범할 때 박수를 받는다.

얼굴

그 사람의 얼굴을 본 적이 없다고 한다. 그 사람의 얼굴을 안다고 한다. 수많은 사람들 중에 누구와 많이 닮았다고 하지만 어딘가 다르다. 백인백태로 서로 다른 얼굴 모습을 하고 있다. 얼굴은 그 사람을 상징하는 역할을 하기도 한다. 여기에 시시각각 희로애락의 감정을 드러내는 표정까지 있으니 마치 전광판과도 같다. 여기에 간판스타는 누구냐고 한다.

좋은 첫 인상에 잘 생기고 우락부락 못 생김도 우선은 얼굴을 보고 평가한다. 얼굴에는 중요 기관이 모여 있다. 귀가 있어 세상을 듣고, 눈이 있어 세상을 보고, 입이 있어 세상을 말하고, 코가 있어 세상 공기를 들이마시며 숨을 쉰다. 이목구비가 뚜렷하니 잘 생겼다고 한다. 신수가 좋아 보인다고 하고 인자한 모습이라 하고 초췌하니 많이 상했다고 한다.

아주 기분 좋은 얼굴로 복권이라도 당첨되었냐고 한다. 근엄한 얼굴이거나 침통한 얼굴로 이지러지면 무슨 근심거리가 있느냐고 한다. 잔잔한 미소를 짓거나 싱글벙글 활짝 핀 얼굴로 웃으면 대뜸 복이 온다고 하였다. 기분 좋은 얼굴을 보면 좋은 날씨만큼이나 좋다.

남의 눈치를 본다고 한다. 눈칫밥을 먹는다고도 한다. 얼굴이라도 한 번 보고 싶다고 한다.

하루에도 수없이 얼굴을 가꾼다. 아침에 일어나 면도를 하고 세수를 하고 화장을 한다. 특히 여자는 얼굴 가꾸기에 많은 시간을 할애한다. 외출을 하려면 얼굴부터 다독거린다. 안경은 유행 따라 고급스럽게 준비한다. 명품 선글라스까지 온갖 폼을 잡으면서 멋을 부려보기도 한다. 얼굴은 얼마 안 되는 부분이지만 사람을 구분 할 수 있는 기본적 바탕이 된다.

발도 넓지만 얼굴이 잘 생기고 교양도 있어 보인다고 한다. 씩씩하게 생겼느니 수줍어한다느니 연약한 몰골이니 한다. 면접시험에서 얼굴이 차지하는 몫은 계산할 수 없을 만큼 커서 못 생겼다고 지레 고민을 하기도 한다. 이처럼 얼굴은 그 사람을 대변하는 것이다. 얼굴값을 톡톡하게 한다고 한다. 꼴값을 한다는 이야기다. 함부로 얼굴을 내굴릴 일이 아니다.

"나이 사십이면 얼굴에 책임을 져야 한다."는 말이 있다. 그동안 행복하게 살아 밝은 얼굴인지 고생을 거듭하여 찌든 얼굴인지 삶이 축적되었다가 은연중 거울처럼 얼굴에 묻어나기 때문일 것이다. 때로는 동안이 있는가 하면 너무 겉늙어 보이는 모습도 있다. 급기야는 뜯어 고쳐보겠다고 성형수술까지 운운해 보지만 인위적인 칼질로 고쳐질 일이 아니지 싶다.

코흘리개 초등학교시절의 아무개 하면 말할 것도 없거니와 사회나 직장에서 누구 하면 대뜸 떠오르는 것이 얼굴이다. 이름과 함께 얼굴이 자연스럽게 등장할 만큼 얼굴은 그 사람을 말한다. 낯을 낸다고도 한다. 얼굴을 보이는 눈도장을 찍는다고도 한다. 특히 처음 만난 얼굴 모습은 오래도록 각인되고 담겼다가 잊힌 듯 잊히지 않으며 이름과 함께 따라 다닌다.

거울을 본다. 특히 여자들은 자주 거울을 들여다보면서 가꾸지만 마음에 들지 않는다고 고민에 고민을 거듭한다. 자신을 보다 잘 보이기 위해서다. 우리는 하루에도 수많은 사람들을 만난다. 그 사람들의 얼굴을 본다. 그 얼굴들은 자신을 비춰보는 또 다른 거울 역할을 하기도 한다. 오늘도 그녀는 거울 앞에 오랜 시간 앉아서 얼굴을 토닥거리고 있을 것이다.

새들의 눈칫밥 애환

버드내를 걷는다. 눈밭에서 비둘기가 잔디를 헤집고 있다. 추위에도 아랑곳없이 먹이를 찾고 있다. 곡식을 가꾸거나 저장하는 것도 아니니 굶지 않으려면 끼니마다 찾아나서야 한다. 움직인 만큼 먹이를 찾는다.

비둘기라면 끔찍이 사랑을 받으며 시민들로부터 곧잘 먹이도 얻어먹었다. 큰 축제나 행사장에서는 평화의 상징으로 수십 수백 마리씩 날려 보내기도 하였다. 전시에 급한 통신문을 전하는 역할도 톡톡히 해냈다.

그런데 요즘은 병균을 옮기는 해조로 분류되었다. 다리 밑이나 교각 사이에서 생활을 한다. 아무렇게나 똥을 깔기고 털이 빠져서 지저분기하기 짝이 없다. 그 근처를 지나려면 눈살이 찌푸려지며 기분을 잡친다.

저만큼 까치무리도 보인다. 까치도 먹이를 찾아 나섰다. 신세타령하기는 오히려 비둘기보다 더 할 것이다. 민초와 가까운 곳에서 함께 지내다시피 했다. 까치가 아침에 울면 좋은 소식이 있을 거라며 반가워했다.

뒤곁 큰 나무나 동네 수호신격인 느티나무에 집을 짓기도 하였다. 농부는 가을에 감을 수확하며 까치밥으로 한두 개쯤 남겨두었다. 까치의 설날은 오늘이고 우리의 설날은 내일이라고 배려하는 마음까지 지녔다.

그런데 언제부터인가 누전의 범인으로 지목되어 까치집 헐기에 한전에서는 골머리를 앓고 있다. 과일을 파먹으며 막대한 손해를 입히고 있다. 아주 돈독하던 농심으로부터 눈총에 박대를 받는 떠돌이가 되었다.

삼월삼짇날이면 어김없이 제비가 봄과 함께 강남에서 찾아왔다. 제비는 해충을 잡아먹었다. 사람들로부터 사랑을 듬뿍 받으며 새끼를 키울 수가 있었다. 이런저런 연유로 제비가 박씨를 물어다 준 흥부전도 있다.

그러나 농촌은 급격히 산업화가 되면서 자연은 자꾸 훼손되었고 생활환경은 급속도로 바뀌어 갔다. 풀을 깎아서 퇴비를 만들어 쓰던 농가에서는 점점 화학비료에 의존하면서 급기야는 농약까지 무분별하게 뿌렸다.

인색해져 제비가 집을 지을 자리도 마땅치않고 새끼를 키울 먹잇감도 줄어 살아갈 길이 막막해지면서 발걸음이 사실상 끊겼다. 날아오기를 중도에 포기하고 그래도 낫지 싶은 남녘의 섬에서 간혹 볼 수 있었다.

덤불에서 참새가 조잘거린다. 가을에 벼이삭을 쪼아 먹는 참새는 농심을 울렸다. 논 가운데 허수아비를 세워보았지만 약아빠진 참새는 오히려 약만 살살 올리지 싶었다. 방앗간에 참새라 할 만큼 살다시피 했다.

겨울에 초가집 처마에 따스한 보금자리를 마련했다. 낮에 대충대충 눈여겨보았다가 초저녁에 손전등과 함께 사다리를 들고 다니며 처마 밑에 손을 들이밀면 뭉클하면서 따스함이 전해지는 것이 있었다. 참새였다.

먹을거리가 그리 마땅치 않았던 시절에 참새구이가 인기를 끌었다. 포장마차에서는 그 수요를 감당할 수 없어 부화장에서 감별하며 골라낸 수평아리를 연탄불에 바싹 구워서 참새라고 술안주로 내놓기도 하였다.

이제는 뉘우치며 회개했는지 농가를 떠나 냇가에서 집단으로 생활을 하고 있다. 새 중에 진짜 새로 참새라는 말이 무색하게 몰골이 말이 아니다. 만나 반가움보다 선입감 때문인지 얄미운 녀석으로 먼저 파닥거렸다.

비둘기, 까치, 제비, 참새 같은 새들이 호강하다 눈 밖에 나며 몰락의 위기를 맞고 있다. 영화를 누리던 삶의 터전을 잃고 전전하면서 고달픈 삶을 이어가고 있다. 이따금 보기에도 안쓰러움이 물씬 묻어나고 있다.

어쨌든 사람들과 가까이서 애환을 함께 하였었는데 이제는 동화 속 먼 이야기가 되어버린 것 같다. 서로가 자연스럽게 헤어지듯 각자의 새 삶터로 떠나갔으나 녹녹치 않은 삶인지 그리 편안해 보이지만은 않았다.

냉이

날씨가 몹시 춥고 많은 눈이 산하를 뒤덮었다. 콩나물과 냉이를 섞어 펄펄 끓인 된장국이 생각난다. 온 대지가 꽁꽁 얼어붙었지 싶은데 눈 녹고 얼음이 풀리면 약삭빠른 사람은 볕이 바른 텃밭이나 냇둑서 냉이를 캤다.

냉이는 겉보기에는 겨울을 못 나고 죽은 듯싶지만 뿌리가 한 뼘도 넘게 쭉쭉 뻗으며 추위를 이겨내고 있었다. 혹독한 추위 속에서도 멈출 줄 모르고 끊임없이 발을 꼼지락거리듯 내뻗어 통통하게 굵어지며 자라났다.

보잘것없는 풀뿌리에 지나지 않지만 그 속에 진지하고도 악착스런 삶의 면면이 묻어있어 숙연하게 느껴진다. 주변의 악조건에 시달려도 쉽사리 굴하지 않고 달굴수록 더 치열하게 자신을 보호하며 살아남은 것이다.

냉이는 유럽에서 중국을 거쳐 들어온 식물로 순수 토종은 아니다. 지역에 따라서는 나생이, 나승구, 나잉개, 계심채, 정장채라 부르며 한자로 제채(薺菜)라고도 한다. 고작 두해살이풀이지만 번식력이 강해 잘 자란다.

냉이는 질경이처럼 붙임성이 아주 좋아 잔디밭이나 길가에서 자라는 흔한 들풀의 하나로 부지런해서 봄소식을 먼저 전해주기도 한다. 뿌리째 캐어 나물이나 국거리 또는 김치를 담그고 죽을 쑤거나 약재로도 쓰였다.

냉이는 단백질이 많아서 영양적으로도 아주 뛰어난 식품이다. 또한 칼슘이나 철분이 많은 알칼리성 식품이면서 비타민도 다량으로 함유되어 있다. 때문에 춘궁기에는 냉이를 뜯어서 죽으로 연명할 수 있었을 것이다.

흙속에서 물밑 전쟁으로 추운 겨울에는 죽은 척 잎과 줄기는 사그라졌지만 오히려 후끈한 열기로 내공을 모으면서 보이지 않는 무한한 힘에 의하여 뿌리를 뻗고 살찌우면서 곧 찾아올 봄을 열망하고 있었던 것이다.

이처럼 잎이나 줄기를 스스로 버려야만 뿌리가 더 건실해진다. 그래야 혹독한 겨울을 나고 봄날 새싹을 밀어 올릴 수가 있다. 그런 냉이가 무공해 나물로 희뿌옇게 몸통을 드러내며 이른 봄 입맛을 상큼하게 돋운다.

하지만 도처에 지천으로 널려있다시피 하여 하찮게 여겨왔다. 그러나 지금은 막상 식탁에 올리기에는 시대적으로 마땅치가 않았다. 이런 취약점을 보완하여 다량 재배 생산으로 상품화하여 인기를 끌고 있는 것이다.

특히 서산 쪽에서는 야생으로는 턱없이 부족해 우수작목으로 개발하여 비닐하우스에서 한겨울에 수확하여 짭짤한 수입을 올리며 톡톡히 재미를 보고 있다. 그 맛을 잊지 못한 수요자에 공급원이 되고 있는 셈이다.

한겨울에 줄기나 잎은 죽어도 뿌리만은 튼튼하게 살아 있어야 한다. 그래야 다음을 예약할 수 있다. 나무도 옮겨 심으면 뿌리가 흔들리지 말라고 버팀목을 세운다. 뿌리가 흔들려 성실하지 못하면 곧 죽음에 이른다.

냉이는 한겨울에도 그냥 동면하지 않는다. 뿌리가 자라고 살이 붙어야 봄날의 식탁을 풍요롭게 하는데 일조한다. 이제 들밭에서 바구니를 들고 치맛자락을 펄럭여 가슴 설레게 하던 추억 속 봄처녀의 냉이가 아니다.

인생에 패를 쓰는 사람

우리는 보통 변화보다는 안주하기를 바란다. 집을 오갈 때도 여러 갈래 길이 있기에 다른 길로 들어서 봄직도 한데 대개는 다니던 길만을 고집하듯이 다닌다. 그만큼 급격한 변화나 모험보다는 안정된 일상을 바란다.

우선 낯선 사람과 만나 사귀기보다는 아무래도 자주 만나는 사람이 편안하다. 산길을 오갈 때에도 작은 소로보다는 큰길을 선택하는 일이 많다. 그러다 어느 날 갑자기 삶이 너무 단조로워 은연중 이탈을 꾀한다.

변화는 보이지 않는 작은 것에서부터 시작된다. 처음에는 대수롭지 않게 여기다 급경사에서 미끄러지듯 걷잡을 수 없이 빠져들기도 한다. 중심을 잡아야 한다. 그곳에서 허우적거리며 빠져나오지 못하면 큰일이다.

눈을 똑바로 뜨고 본다. 아무리 들여다봐도 보이지 않는다. 마음으로 보고 마음으로 들어야 할 마음의 소리다. 마음의 눈을 뜨는 것이다. 보일 듯 보이지 않고 보이지 않을 듯이 얼핏 보이는 참으로 미묘한 현상이다.

그래도 인생은 어려움에 땀을 흘리며 가시밭 같은 길을 마다않고 헤집고 가는 거다. 그 속에 참맛이 있고 뿌듯함이 있어 오늘을 딛고 내일로 향할 수 있는 거다. 삶에 그냥은 없어 공짜는 없어 열심히 살아가야 한다.

인생은 그리 쉽게 자포자기 할 수 없는 신성한 삶이다. 한 발 한 발 딛고 나아가야 한다. 인생은 그 무엇과 비교하거나 바꿀 수 없고 연습이 없는 오로지 실전이다. 같은 기회 같은 시간은 다시 돌아오지를 않는다.

살아가기 너무 팍팍하다고 한다. 바둑에만 패가 있는 것이 아니다. 아예 인생에 패를 쓰며 역전을 노린다. 도박이 그렇고 경마가 그렇고 복권에 꿈을 싣는다. 그냥 심심풀이나 호기심이 아닌 인생을 걸다시피 한다.

어쩌면 무모하게 패를 쓰는 셈이다. 이처럼 불리하다 싶을 때 이판사판 올인하는 사람이 있다. 마치 바둑에 패를 쓰듯 인생에 패를 쓰는 것이다. 때로는 바꿔치기를 하거나 굴복을 시켜 국면전환을 시도하는 것이다.

아주 큰 모험이다. 직장을 자주 바꾸는 사람도 있다. 한 우물을 파는 것보다 못한 경우가 많다. 조금만 참으면 결실을 볼 터인데 은근과 끈기가 부족한 것이다. 가을을 목전에 두고서 견디지 못해 수확을 포기한다.

가끔 아주 가끔은 패가 먹혀들어 결단력에 모험심이 강하다고도 한다. 혹자는 운이 아주 좋았다고 한다. 때로는 선각자 같은 모습으로 신선하게 보일 경우도 간혹 있다. 하지만 대개는 실패로 끝나는 때가 더 많았다.

그래도 벼랑 끝에서 탈출해보려는 안간힘은 가상하다고 할 수 있을 것이다. 미리 겁먹고 포기할 수만은 없는 것이다. 눈을 지그시 감고 생각에 잠긴다고 한다. 그런데 감고 있어도 지나온 길이 훤히 보이는 듯싶다.

도둑을 맞으려면 잘 짖던 개도 짖지 않는다고 한다. 일이 꼬이려니까 헛것만 보인다. 내 것은 보이지를 않고 남의 것만 보인다. 자꾸 쫓기듯 급해지는 마음에 판단력이 흐려져 패를 써도 되지 않는다고 투정을 부린다.

제5부

2014년의 봄

덕유산의 철쭉꽃

남해의 가천 다랭이 마을

계절에 민감한 것이 미각으로 이미 봄을 맞고 있다. 냉이며 쑥에 달래가 있고 미나리도 있지만 노란 빛깔의 연한 고갱이도 없이 납작 퍼진 시퍼런 배춧잎 봄동 무침이 입맛을 돋우며 계절을 선도하고 있는 것이다.

미각 못지않게 계절에 민감하게 반응하는 쪽은 아무래도 몸보다는 마음이다. 물론 내놓고 가시화하기에는 서두르고 있지만 그래도 입춘 무렵부터 어디쯤인가 봄이 가까이 오고 있고 그 기운이 시나브로 스며들고 있다.

마음 한 구석에서는 은연중 방안보다는 바깥으로 나가자 조르고 있었다. 아직 영동의 동해안은 예년에 없었던 엄청난 폭설이 다시 내리고 있지만 오늘이 마침 절기상 꽁꽁 얼었던 대동강 물도 녹아 흐른다는 우수다.

좀은 이르다 싶어도 어쩌면 너무 늦었는지도 모른다. 뭔가를 확실하게 자각할 때는 이미 무르익어갈 무렵인 것이다. 마치 초병이 맨 앞에서 정찰을 나가듯 그렇게 조심스러운 마음에서 나서야 신비감이 더하게 된다.

봄은 어디쯤 오고 있을까 찾아 나서다 보면, 때로는 해묵은 뒷밭에서 아른거리고 묵은 대궁에 맺히기도 하고 길거리 여인의 옷자락에서 펄렁거리기도 하며 시장바닥 허름한 노점상에서 노닐고 있지 싶기도 하다.

냇가에서 서성거리다 보면 능수버들 늘어진 가지에 하늘거리는가 하면 쓰레기더미를 들락거리기도 하고 나돌다가 돌아오면 불쑥 집안에서 빠져나와 이웃집으로 가기도 한다. 이처럼 봄은 한 길로 오지 않는다.

남해의 바래길(다랭이지겟길)을 걷고 있다. 척박한 자연환경을 극복하고 바다를 생명으로 여기면서 삶을 위해 물때에 맞추어 갯벌이나 갯바위 등에 나가 해초류와 해산물을 담아왔던 행위를 일컫는 토속말이 바래다.

그 중에 다랭이지겟길은 가파른 산자락에 다랭이논을 일구고 지게를 짊어진 남해사람들의 근면함을 상징하며 그들의 삶을 고스란히 담고 있는 남해만의 고유한 문화와 역사를 엿보고 느끼면서 걸을 수 있는 길이다.

남해에는 보랏빛 별꽃이 피어 청명한 대낮에 반짝이고 굵어진 마늘대궁에 서둘러 심은 완두콩이 큼직하게 자라고 민들레꽃이 피었다. 매화꽃이 활짝 핀 곳이 있는가 하면 유채꽃도 보인다. 숨죽였던 상추가 살아났다.

갯바람이 얼굴을 재빠르게 훑고 간다. 그러나 냉랭하니 차갑다기보다 어딘가 훈기가 느껴진다. 그 속에는 짜르르 전해오는 메시지 같은 봄기운이 들어있다. 바람을 마시며 따스한 손길처럼 푸르게 일어서고 있다.

저 끊임없이 달려들었다가는 사르르 녹아 없어지듯이 사라지는 파도를 보라. 한번 거침없이 뛰어들어 함께 하얗게 부서지면서 끌어안아보고 싶은 충동이 인다. 막힘없이 질러대는 고함소리를 함께 내질러보고 싶다.

바다를 끼고 간다. 산과 바다가 어우러지며 이곳 한적하던 어촌에도 개화의 바람이 불고 있다. 왼쪽 산비탈에는 펜션을 많이 짓고 뭍의 사람들을 불러들일 준비를 하고 있다. 시퍼런 마늘밭처럼 꿈으로 부풀고 있다.

찔레 순이 삐쭉거리고 냉이의 꽃대가 올라왔다. 동백도 급한 녀석은 꽃 피우고 다부진 봉오리 빨갛게 터뜨리려 한다. 파도소리는 후련하니 익살스럽고 은빛 반짝이는 물결을 타는 갈매기의 여유로움에 봄이 넘실거린다.

설흘산과 응봉산 아래 명승지로 지정된 가천마을의 다랭이논은 산비탈 급경사지에 100여 층의 계단식으로 680여 개 논이 펼쳐지면서 작게는 손바닥만 하다고 할 만한 3평에서 크게는 300평짜리까지 아주 다양하다.

어느 곳은 긴 논둑만 보일만큼 좁고 작지만 구불구불 아름다운 곡선을 그린다. 조금이라도 경작지를 넓혀보려고 키보다 높게 수직으로 안간힘을 쓰며 쌓아올린 둑에서 얼마나 전답에 대한 애착이 절실했는지 눈물겹다.

하지만 겨울을 비집고 저렇게 파릇파릇 봄이 피어오르는 것은 그 동안 담겼던 애절한 삶을 꿋꿋이 이겨냈음이다. 다랭이논은 더 이상 그런 아픔이 묻어나지 않는다. 이제 농사보다 추억의 구경거리 관광 상품이 되었다.

오로지 소와 쟁기로만 힘겹게 농사짓고 소득조차 보잘것없었던 다랭이마을은 이제 더 이상 농지로서의 가치보다는 그 아래로 탁 트여 펼쳐진 바다와 함께 천혜의 경관을 자랑하는 관광지로 거듭나 각광받고 있다.

남해 가천 다랭이마을

출렁거리는 바다를 본다. 낚시 배가 떠 있다. 덤으로 봄도 함께 낚고 있다. 광양만을 오가는 길목에 작은 화물선 몇 척은 섬처럼 떠서 일감을 싣고 올 큰 배를 이제나저제나 기다리고 나는 목을 늘여 봄을 기웃거렸다.

봄은 왜 바다를 잽싸게 건너 뭍으로 오르면서 가로막고 있는 산자락을 훌쩍 뛰어넘지 못하고 머뭇거리고 있을까. 겨울과 봄이 영역다툼이라도 하듯 오락가락 하며 심술부리지 싶은 날씨가 좀은 짜증스럽기도 하였다.

아무래도 한동안은 봄인 듯 겨울이고 겨울인 듯 봄으로 함께 가야 한다. 보이지 않는 거대한 손길처럼 자연의 힘에 의해 앞으로 당겼다 뒤로 밀치기를 거듭하며 결코 서두르지 말라고 그 시기를 조율하고 있지 싶었다.

보일 듯이 선뜻 보이지를 않더니만 돌아오는 길에 종일 쏘다니라 피곤했었는지 사르르 잠에 빠져든 옆 사람의 얼굴에서 저리도 온화하고 따스한 기운이 감돌면서 천연덕스럽도록 봄빛이 새록새록 묻어나고 있었다. — 2014. 02. 19.

봄이 오는 길목 대청호

설 연휴에 주룩주룩 비가 내렸다. 월평공원의 도솔봉 안자락 습지웅덩이에는 벌써 개구리가 알을 풀어놓았다. 소련의 소치동계올림픽 개막식이 있던 오늘아침에는 영동지방에 80센티나 폭설이 몰아치며 다시 한겨울로 돌려놓았다. 며칠 후 입춘에는 아주 혹독한 추위가 기승을 부릴 것이다.

하지만 대전지방은 가파른 비탈 앙상한 나뭇가지 사이로 잔잔한 강물의 주름진 물줄기에서 낚시꾼의 여유로움이 묻어나고 솔밭에 가족나들이 캠핑장도 시선을 끌기에 부족함이 없다. 데크길을 따라 가며 차가운 강물에 종아리가 푹 잠긴 버드나무의 애처로움에 함께 마음이 잠기기도 한다.

금세 비가 내릴 성싶은 찌푸린 하늘의 대청호 수문 아래 금강줄기를 따라 걷는다. 물가에 버들가지는 왕눈이처럼 통통 불어 이미 봄기운을 내뿜고 있으며 휘늘어진 능수버들 잎눈이 삐죽거린다. 청매나무도 시퍼렇게 물이 올랐다. 고만 고만한 새끼오리가 물질하는 모습이 앙증스럽기만 하다.

하늘은 저리 푸르러도
아직껏 나무를 보듬은 산자락은
덜덜덜 심술궂은 바람
억새는 부스럭부스럭 궁상맞은
철새의 현란한 춤사위
잔물결 상형문자 주름지는 무늬
잠시 얼빠졌던 날씨에
겨울을 밀쳐내는 입춘날 깜짝쇼

— 입춘날 대청호

목련나무 꽃자리는 뜬금없이 크리스마스트리용 작은 전구처럼 총총히 매달려 봄빛이 들어오기를 고대하는 모습으로 비쳐진다. 겨울

대청호변 버드나무가 있는 풍경

을 나면서 이리저리 마구 짓이겨졌지만 강변의 붉은 억새밭을 서걱서걱 밟고 지나간다. 부스럭부스럭 숨바꼭질에 술래잡기를 하는 양 유년의 동심이 스친다.

시간이 멈춘 듯이 느긋하게 걷고 걸으면서 시시덕댄다. 물고기가 강물을 거슬러 올라가듯이 따라 올라갔다. 잠시 효자의 정려문 앞에서 뭉클해졌다. 묵정밭에 숨겨놓은 이야기들이 잡풀이 되어 시퍼렇게 올라오고 있다. 그 안에 많은 애환이 담겨있듯 입맛 돋울 좋은 봄나물도 있을 것이다.

좀은 짧은 거리 짧은 시간이었지만 겨울을 툭툭 털어내면서 심호흡하기에 부족함이 없었다. 지난번에 올랐던 현암사는 한 폭의 그림이 되어 또 다른 풍경을 빚어내고 있다. 함께하며 배려하는 마음처럼 겨울로 깊어갔던 강물은 두런두런 깨어나며 따갑게 쏟아지는 봄볕 앞에 성큼 다가섰다. — 2014. 02. 08.

여수 영취산 진달래 꽃불

봄소식이 남녘에서 솔솔 올라오면 진달래를 먼저 맞이하여야 제 맛이 나고 제격에 어울린다고 여겼었다. 그런데 개화순서가 뒤죽박죽이다. 이미 서울까지 벚꽃이 만개한 터라 진달래꽃을 찾아 떠남에 다소 머뭇거렸다.

식당에 가면 수많은 메뉴가 있듯이 봄날이면 수많은 꽃이 피고 진다. 고루고루 뒤섞어서 맛보는 것도 좋지만 어느 하나 그래도 유난히 마음에 들어오는 것이 있다. 그 속에 하루쯤 푹 빠져보는 것도 때로는 괜찮지 싶다.

우리나라의 산하 어디에선들 봄날이면 진달래꽃을 보지 못하랴. 하지만 그 유명세가 있고 분위기라는 것이 있다. 같은 마음으로 같은 날 모여든 사람들 속에서 이것저것 곁눈질하기보다는 진달래꽃 하나에 젖어보는 것이다.

뒤늦게 찾아온 것이 아니다. 계절이 서둘러 왔을 뿐이다. 이제 진달래는 낱개가 아니라 두루뭉술 하나가 되어 거대한 꽃밭으로 바뀌었다. 그냥 하나의 붉은 물감으로 산자락을 온통 붉게 색칠하다 못해 꽃불을 놓았다.

산은 소리 없이 활활 타고 있었다. 확확 번지는 열기는 눈시울을 적시게 하는 매캐함도 없는 알불덩이였다. 몰려든 인파의 마음을 사로잡고 함께 타올랐다. 불길은 왁자지껄하면서 걸걸하더니 까르르 웃음소리로 번졌다.

올해는 매화며 목련이며 개나리며 벚꽃이며 진달래며 봄꽃이 거의 한꺼번에 피었지 싶다. 어디를 가든 꽃들로 환하게 장식을 하고 있다. 어찌 보면 단순히 진달래만을 보기 위해 이곳 영취산까지 올 필요는 없지 싶었다.

하지만 그것은 하나의 기우에 지나지 않았다. 현장에 와서 저 벌건 불길을 보면서 마음은 사뭇 달라졌다. 그냥 함께 불길이 되어 지난 겨울을 태우며 경쾌한 봄날을 맞이하고 즐기는 기분은 가뿐하면서도 경쾌하게 하였다.

여수 영취산 진달래꽃

버릴 것은 버리고 새로 준비할 것은 준비하는 기분이었다. 그냥 꽃의 축제이고 사람의 축제였다. 아찔하고도 지루하였던 겨울을 벗어난 꽃들의 소리 없는 아우성을 사람이 대신 질러댔다. 꽃의 향연에 사람들의 잔치였다.

또한 배낭도 옷자락도 울긋불긋 행락인파는 꼬리를 물고 연신 오르내렸다. 한 곳에 머물지 않고 물이 자연스럽게 흘러가듯 움직이는 모습이 꽃뱀보다도 곱고 꽃밭보다도 아름답다. 꽃보다 아름다운 것이 사람이라고 했다.

앞에 펼쳐진 여수 앞바다를 본다. 저 푸르른 바다를 건너서 봄이 이곳 산자락을 거치면서 저리 곱고도 고운 진달래 꽃불을 놓은 것이다. 바람이 살랑거리며 열심히 봄을 싣고 다녔을 것이다. 여기저기 소문도 냈을 것이다.

엊그제는 초여름을 방불케 하더니 갑자기 온도가 10도는 내려가면서 부슬비가 내리고 바람이 불어 쌀랑하다는 느낌까지 들면서 마치 눈발이라도 날리듯이 하르르 나비가 나는 듯 만개했던 벚꽃이 이리저리 휘날렸다.

그토록 희게만 보이던 꽃잎이 떨어져 모여 있는 모습을 보면 살짝 상기된 듯 고운 연분홍 빛깔이다. 그 누구도 연분홍 벚꽃이라고는 말하지 않는다. 그만큼 눈은 정확도가 떨어지고 그만큼 관념적으로 대충 넘어갔다.

파란 하늘에 흰 구름이 둥둥 떠간다. 푸른 바다에 고깃배와 상선이 정박해 머물고 그 너머로 올망졸망한 섬들이 둥둥 떠 있다. 저쪽 산자락은 흰 구름 같은 벚꽃이 뭉크러지고 이쪽 산자락은 진달래가 벌겋게 타오르고 있다.

저 푸른 바다에서 올라온 바람이 좀은 세차게 몰아세운다. 땀을 금세 거두어 간다. 저 바람이 겨우내 혹독하게 볶아치더니, 봄기운을 몰고 꽃바람으로 꽃을 피게 하더니 이제 심술이라도 났는지 서둘러 꽃잎을 지우고 있다.

너무 서운해 하지 마라. 바람인들 마음 편하겠는가. 그래도 바람이 저 초목을 저만큼이라도 보살피지 않았겠는가. 꽃이 져야만 열매를 맺든 새싹이 돋는다. 곰실곰실 연초록 신록이 활기를 담아 산자락을 채워가고 있었다. ― 2014. 04. 04.

한려수도에 핀 불심의 연화도

통영여객터미널에서 한려수도 짙푸른 물결을 헤집고 섬 사이로 빠져나간다. 뱃길 따라 14킬로미터를 한 시간쯤 내달다 보면 연화도에 닫는다. 연화도는 경상남도 통영시 욕지면(욕지도)의 부속 섬으로 연화리다.

연화도는 섬이 연꽃 모양이라는 데 착상하여 아예 연화도라 한다. 연화는 단순히 연꽃이기도 하지만 연꽃 모양으로 만든 연화대는 불상의 자리로 부처님을 모신다. 그만큼 불교에서 연꽃은 꽃으로 끝나지 않는다.

연화세계는 괴로움과 걱정이 없는 지극히 안락하고도 자유로운 세상으로 인간세계에서 서쪽으로 10만억 불토(佛土)를 지난 곳에 있다는 극락의 세계인 서방정토로서 아미타불이 머물면서 불법을 설한다는 곳이다.

이런 연유에서인지 섬의 정상인 연화봉(212m)에는 최근에 아미타대불이 우뚝 세워졌다. 망향정이라는 팔각정자에서 땀을 식히면서 바라보는 망망대해에 작은 섬들이 빚어내는 모습은 그림보다도 아름답기만 하다.

역사를 거슬러 올라가면 불교를 배척하였던 조선중기에 한 고승이 이곳 토굴에서 득도를 하였고 그 뒤에 서산대사의 수제자였던 사명대사가 토굴 아래에 움막을 짓고 수도 정진하다 역시 득도 한 것으로 알려졌다.

여기에 운명이요 내칠 수 없는 인연처럼 사명대사의 세 여인이 등장한다. 바로 여동생인 보운 스님, 부인인 보월 스님, 애인인 보련 스님이다. 서로 얼굴을 맞대기에 껄끄러웠을 텐데도 출가한 이들은 서로 보듬었다.

세 여인은 이곳에서 함께 수도정진 하여 자운선사라는 별호까지 얻었다. 자운선사는 임진왜란이 일어날 것을 예측하면서 이순신 장군에게 많은 도움을 준 것으로 전해지면서 국익에 기여한 것으로 평가 받고 있다.

작은 섬인 리 단위에 일반 지역에서는 좀처럼 찾아볼 수 없는 5층짜리 보덕암이 절벽 위에 세워지고 연화봉 아래 연화사가 창건되었다. 두 사찰의 경계를 가르는 듯싶은 능선에는 5층 석탑이 바다를 바라보고 있다.

연화도 좁은 곳에 세 비구니 자운선사를 기리는 뜻에서 그들 스님의 법명을 딴 보운의 길, 보월의 길, 보련의 길까지 명명되었다. 이만하면 그 어디에 내놓아도 외관상으로는 불토 연화도라 불러도 손색이 없지 싶다.

아무래도 연화도 최고의 볼거리는 통영시가 자신 있게 통영8경 중 하나로 내놓는 용머리해안이다. 용머리는 정상에서 바라보는 모습도 좋지만 좀 더 가까이 해안의 절벽에 있는 보덕암에서 보는 모습이 제격이다.

마치 용이 대양을 향해 헤엄쳐나가는 형상의 용머리해안이라 한다. 하지만 필자가 보기에 흉내조차 낼 수 없는 자연이 빚은 걸작으로 보는 이로 하여금 어안이 벙벙하여 점, 점, 점, 느낌조차 바다로 빠져드는 듯하다.

한참을 바라보고 있노라면 아름다움에 취하여 그냥 환상 속으로 빠져든다. 섬에는 유난히 까마귀가 많다. 까마귀마저 목이 메어 말을 잇지 못하는 양 (그렇다니까)를 연발하듯이 까악~ 까악~ 거리면서 휘젓고 다닌다.

이제 저 용머리를 향하여 간다. 가면서 바다를 힐끔힐끔 본다. 쪽빛 바다는 아주 잔잔하니 호수 같다. 조그마한 낚시 배인가, 앙증스런 모습이 소금쟁이가 물웅덩이를 거침없이 돌아다니듯이 허옇게 물살을 가른다.

선창에는 잿빛 갈매기들이 궁색하게 날고 하늘에는 까마귀가 제 영역임을 강조하듯 수시로 둔탁한 소리를 내지르는데 숲에서 검은 염소가 묵묵히 먹이를 뜯으며 한가롭게 봄날을 즐기고 있는 좀은 진기한 모습이다.

보리똥나무 열매가 붉게 익어가고 있다. 씨가 굵어 입에 들어가는 것은 없어도 시큼하니 단맛을 내며 자연을 느끼기에 부족함이 없다. 묵은 대궁 그루터기에서 억새가 수북이 올라오고 곳곳에 두릅나무가 유난히 많다.

전망대에서 바다를 바라보면 가슴이 확 펼쳐진다. 깎이고 깎인 바위들 또한 묘한 모습들을 하고 있다. 숲에는 자생하는 동백나무 잎이 번들거리며 아직도 못다 지운 꽃이 있지만 철 지난 꽃이 눈에 들어올리 없다.

삼 년 전에 놓인 출렁다리를 건넌다. 갑자기 냉기가 쏴악~ 들어온다. 골을 타고 불어오는 바람이 한여름 냉장고 문을 연 것 같다. '쉬엄쉬엄' 오르란다. 새로운 자랑거리가 된 출렁다리다. 마침내 용머리 점, 점, 점이다.

용머리서 바라보는 보덕암은 절벽 위에 또 하나의 절벽 같은 건물로 그곳에 가보고 싶다. 시퍼런 바다와 절벽과 건물이 만들어 내는 조화는 그곳에서 미처 보지 못하고 느끼지 못한 새로운 모습으로 그냥 조화속이다.

그래, 나무에 너무 집중하다 보면 숲을 보지 못하고, 숲에 너무 빠져들다 보면 나무를 놓친다 했다. 한꺼번에 모두를 취할 수는 없는 것이다. 서로 그 위치를 바꾸어 보는 맛은 새롭기만 하다. 역지사지하는 마음이다.

제 모습을 스스로 보지 못하니 일정한 거리에서 누군가가 보아야 제 모습을 제대로 평가할 수 있다. 그래서 내 주장만을 하면 아니 된다. 객관성이 없기 때문이다. 절벽에 부딪쳐 철썩철썩 소리에 하얗게 부서진다.

수반 위에 한 점 수석처럼 소매몰도가 아담하게 들어온다. 이쯤 내려놓고 이제는 돌아서야 할 시간이다. 동두마을을 거쳐 연화사에 들

연화도의 용머리

렀다. 비록 작은 섬이지만 나름 이곳저곳에 배어있는 불교의 냄새에 젖은 하루였다. — 2014. 04. 22.

지리산의 반야봉을 넘으며

오월은 가정의 달이다. 4일간의 황금연휴에 어린이날이다 보니 아무래도 아이들을 동반한 가족단위 행락객으로 붐비게 될 것이다. 비가 오고 하늘은 활짝 개였으나 어제보다 온도가 10도쯤은 뚝 떨어져 쌀랑한 느낌이다.

하지만 대전은 아카시아가 입에 가득 쌀밥을 문듯이 하얗게 꽃이 피었다. 단내가 푹푹 나야 꿀이 쌓여 갈 텐데, 벌벌 떨며 추위를 유난히 타는 벌들은 역사를 쉽게 나서지 않을 것이기에 양봉업자는 발을 동동거릴 것이다.

그래도 한 번 찾아온 봄은 그냥 되돌릴 수 없다는 듯이 남원쯤 내려가니 이미 모내기를 한 곳도 보이고 여기저기 준비 중으로 농사철에 접어들었다. 길을 나서보아야 계절이 어디쯤 가고 있는지 제대로 가늠하기에 좋다.

달궁을 지난다. 텐트촌마다 한여름 휴가철을 방불케 텐트가 가득 들어찼다. 어제부터 신록의 향기를 맡으며 그들만의 문화를 즐기고 있을 것이다. 성삼재까지 올라가야 하는데 차들로 뒤범벅이 되어 내리는 것이 낫다.

1킬로 가까이 등산길이 늘어난 셈이다. 천 고지가 넘는데다 바람까지 불다보니 제법 썰렁하다. 오가는 사람들도 장갑은 기본이다. 외투에 달린 모자까지 푹 뒤집어쓰고 초겨울 같은 느낌으로 으슬으슬 손까지 시리다.

아침까지 비가 내렸는지 바닥에 물이 고였다. 바람소리가 제법 윙윙거린다. 초목들은 눈치를 보는지 잎이 활짝 핀 녀석에, 마지못해 겨우 삐죽삐죽 움을 트거나 아직껏 미동조차 않고 게으름 피는 녀석으로 제각각이다.

차라리 무더운 날보다는 이런 날이 산에 오르기에는 좋다. 극성스러운 부모는 일찌감치 극기훈련이라도 시키는지 어린 아이까지 데리고 와서 북적거리는데 일조를 한다. 그러나 대부분은 노고단정상을 목표로 한다.

노고단고개를 넘으며 등산객이 팍 줄어들어 아주 한가하다. 나무 위에서 끊임없이 바람소리만 요란하게 들려온다. 이따금 진달래꽃이 보이지만 꽃송이가 작고 그마저도 듬성듬성한데다 추위에 기가 죽어 볼품이 없다.

임걸령을 지난다. 샘물만은 인기가 여전하다. 노루목을 향해 간다. 숨차게 올라서면 반야봉에 오르는 갈림길로 잠시 갈등을 느끼며 쉬는 곳이다. 머뭇거리는 노루 궁둥이라도 찾아 떠밀려고 하는지 바람은 더 세차게 분다.

선택은 자유다. 반야봉 길로 접어든다. 점점 고도는 높아지고 그만큼 시계는 좋아진다. 주위에는 전부터 벌러덩 넘어진 나무들이 즐비하다. 확실히 바람이 세찬 곳이다. 덩치에 비해서 깊지 못한 뿌리는 접시처럼 납작하다.

그런데 주변이 하얗다. 저 아래에 비가 오는 동안 이곳은 일부가 눈으로 내려 아직 남아있다. 오월에 눈을 보는 것이다. 생뚱맞게 금년의 첫눈일까, 끝눈일까 좀은 헷갈리게 하는 마음에 신기해서 다시 한 번 들여다본다.

이곳은 구상나무, 가문비나무, 거제수나무의 군락지이기도 하다. 그런데 구상나무 고사목들이 많다. 아열대화 되면서 더 높은 곳으로 올라가야 하는데 그러지 못하니 소나무에게 밀리며 몸살을 앓고 있는 생태계의 변화다.

반야봉 정상(1732m)에 올라섰다. 암반에 돌무더기다. 옆에 쌍둥이 봉우리인 중봉은 통제되어 길을 막았다. 두 봉우리가 멀리서 보면 하나로 어우러져 조화를 이룬다. 마치 여인의 엉덩이처럼 보여서 한눈에 구분되게 한다.

그 한 쪽 엉덩이에 비위 좋게 철퍼덕 주저앉았다. 그렇게 요란스레 따라오던 바람소리가 신기하게 멎고 오히려 햇살에 따뜻하다. 하늘은 왜 저렇게 시퍼렇고 떠가는 구름은 왜 저렇게 햇솜처럼 하야면서 가뿐해 보이는지.

물을 한 컵 마신다. 모든 것이 녹아들지 싶다. 사과 한 쪽을 입에 문다. 아삭아삭 그 향기는 또한 남다르다. 땀을 흘린 자만이 그 땀의 진가를 알 듯 정상에서 맛보는 그것은 더 없는 미식에 조촐해도 훌륭한 만찬이 된다.

그렇게 열심히 왔는데 노고단이 코앞에 시큰둥하게 앉아 있다. 그야말로 손을 뻗으면 맞잡을 것 같은 기분이다. 앞을 두루두루 훑어본다. 오직 산들만 있고 그 많은 산들 중 으뜸으로 저들이 머리를 조아리고 있지 싶다.

떨어지는 햇살이 따끈하다. 저쪽 산은 풍성하니 짙푸름을 지니고 있다. 이쪽 산은 연초록으로 다소 노릇하다. 요 앞쪽은 아직도 회색빛을 지금껏 지니고 겨울잠에서 깨어나지 못하였으며 올라오는 길목에는 잔설도 있었다.

그러고 보면 겨울에서 봄, 여름이 함께 공존하며 혼란을 겪고 있는 것이다. 주위가 철쭉자생지인데 많이 말라 죽었거나 미동도 않는다. 그러나 진달래는 서둘렀다 그만 냉해를 입어 꽃이며 부풀었던 망울까지 축 쳐졌다.

이처럼 나무는 오랫동안 산에서 동고동락하여도 결국은 자연의 속성을 제대로 읽지 못하면 한 해의 희망을 한순간에 송두리째 빼앗긴다. 그렇다고 어디다 하소연이나 그 흔한 송사마저 벌일 수 없으니 적자생존일 뿐이다.

그 울분을 혼자 속으로 삭여도 응어리만은 끝내 마디로 남아 울퉁불퉁 보기에도 예사롭지 않은데 사람들은 그 생김생김이 특이하다고 신기하다고 들여다보고 더듬어본다. 하기야 그만큼 이겨내며 살아온 역전의 용사이다.

저 고사목을 보아라. 겨울 한동안은 그냥 묻혀갈지 몰라도 봄이 되고 새싹이 돋기 시작하면 죽은 자와 산 자는 외관상으로도 확연하게 구분이 되건만 뭐가 그리 원통할까, 죽어서도 눈을 감지 못하겠는지 태연하게 서 있다.

이처럼 산에 오르면 무작정 앞만 보고 가기보다는 잠시잠깐이라도 적당한 곳에서 쉬며 자연세계에 겁 없이 끼어들어 무언의 대화를 나누는 것도 괜찮지 싶다. 하늘이 되고 나무가 되고 물이 되고 바람이 되고 바위가 된다.

이쯤 하산이다. 되밟아 내려가다 삼도봉으로 가고 화개재서 왼쪽으로 꺾어 뱀사골, 반선으로 내려간다. 울퉁불퉁한 돌바닥에 좀은 짜증스럽지만 참아야 한다. 서둘지 말고 차분히 한 걸음 한 걸음 9킬로미터는 족히 가야한다.

지루하지 말라고 이 골짝 저 골짝에서 물줄기를 더하며 바위와 어울려 빼어난 소(沼)를 만들고 그럴 듯싶은 전설까지 담았다. 물소리, 바람소리, 새소리에 점점 우거지는 신록의 향기까지 뒤섞여 가뿐해지는 발걸음이었다. — 2014. 05. 05.

지리산의 반야봉

다시 바래봉을 오르며

다시 바래봉으로 가고 있다. 바래봉 하면 철쭉이 떠오를 만큼 철쭉의 대명사가 되었다. 나무로 만든 스님의 밥그릇인 바리때를 엎어놓은 형상이라 하여 바래봉이라 하였으며 스님의 삿갓을 닮아 삿갓봉이라고도 불렸다.

지리산의 수많은 산줄기 중에 성삼재 방향에서 만복대, 정령치, 고리봉으로 이어지는 백두대간을 따라오다가 오른쪽으로 이어지는 세걸산을 넘고 세동치, 부은치, 팔랑치를 넘나들다 끝자락쯤에서 바래봉을 만나게 된다.

산줄기 또한 천고지 안팎의 고산지대로 일기가 수시로 변덕을 부리는 곳이기도 하다. 어느 곳은 세찬 바람으로 거대한 나무가 통째로 넘어졌거나 고사하고도 꼿꼿이 서 있는 모습에서 자연 그대로의 모습을 보기도 한다.

꼭 일 년 만에 같은 길을 가면서 같은 모습을 보기도 하고 전혀 다른 모습을 보기도 한다. 그때와 꼭 같은 듯싶으면서 또 어딘가 다르고 뭔가 다른 듯싶으면서 같지 싶다. 다만 일 년이란 시간이 주는 감정의 간격 같다.

그때 보았던 것을 보지 못하고, 그때 못 보았던 것을 지금은 보고 있는지도 모른다. 그때 생각지 않았던 것을 지금은 생각하고, 그때 생각했던 것을 지금은 놓치고 있는지 모른다. 같은 길인데 낯익음과 낯섦이 교차한다.

그러나 분명한 하나는 바래봉으로 철쭉을 보러가고 있다. 쫄쫄 흐르는 물소리도 듣고 재잘거리는 새소리도 들으며 계곡을 오른다. 등줄기까지 시원하게 바람이 스쳐가기도 한다. 돌을 비집고 오르다 팔랑치 철쭉군락지다.

지천인 진달래는 4월이면 분홍빛깔의 꽃부터 피어나고 천천히 잎이 나오는 봄의 전령이기도 하다. 하지만 철쭉은 한 발 늦은 5월에야 분홍빛깔의 꽃과 함께 잎이 피어난다. 속살 같은 미색은 청순해 보이면서 당당하다.

산철쭉은 5월에 잎부터 피고 보다 짙은 자홍색의 꽃이 피어난다. 꽃의 안쪽에는 마치 핏방울이라도 튕긴 듯싶은 자주색깔 점들이 박혀있다. 이처럼 진달래와 철쭉과 산철쭉은 같은 듯 저마다의 개성을 지니고 피어난다.

그런 탓인가 봄이면 서로 다소간의 시차를 두고 제일인 양 뽐내며 은연중 다투고 있다. 셋 중에 참꽃이라고도 불리는 진달래는 식용으로도 쓰인다. 독특한 모양의 화전을 부치기도 하고 두견주라는 술을 담그기도 한다.

하지만 철쭉은 진달래보다 높은 산자락에서 자생하며 참꽃인 진달래에 비해 한 단계 아래라는 뜻인지 개꽃으로 불린다. 철쭉은 꽃송이가 진달래보다 크고 느끼한 감촉에 끈적거리며 독성이 있어 식용으로는 부적합하다.

70년대 초에 정부에서 이곳 바래봉 자락에 면양목장을 만들었을 때 면양은 허기진 듯 나무뿌리까지 닥치는 대로 갉아먹었으나 용케 철쭉만은 철저히 외면했다. 40년이 흘러 철쭉군락지로 자리 잡는데 기여한 셈이다.

지금 그 면양은 없지만 봄이 오면 뭇 사람들로부터 철쭉의 명소로 사랑을 듬뿍 받고 있다. 필자도 저들을 보기 위해 일 년을 기다렸다는 듯 먼 길을 마다않고 높은 산자락을 숨이 차면서도 달려오다시피 하지를 않았는가.

우와! 철쭉의 바다 철쭉꽃물결이다. 환상의 철쭉꽃밭에 빠졌다. 그런데 다소 아쉬운 것은 더러는 서둘러 꽃이 지고, 더러는 냉해를 입어 시무룩하게 풀이 죽었다. 더러는 아직 미동을 않거나 이제 망울을 준비하고 있다.

이처럼 같은 곳에서 자라고 있어도 한꺼번에 일사불란하게 움직일 수는 없는 것이다. 그래서 더 오래 두고 피고 지는 것으로 보이는 것이다. 그것이 자연의 속성이기도 할 터다. 아무려나 꽃은 꽃이니 좋을 수밖에 없다.

문득 엄청난 추억처럼 빠르게 스쳐갔다. 놓칠 수 없는 그곳으로 다가갔다. 바위가 있고 철쭉꽃이 있고 풀들이 있고 바람이 있고 땡볕이 쏟아졌다. 지난해 잠시 쉬면서 넋을 놓고 주변을 감상하고 있는데 핸드폰이 울렸다.

천안지역에서 난과 들꽃을 전문으로 가꾸며 독립기념관과 아우내 장터와 유관순 사우를 연계하는 관광코스를 개발한 들꽃세상의 친구 H다. 어디에 있느냐는 것이다. 오늘 저녁에 티브이를 시청할 수 있느냐는 것이다.

KBS 방송의「6시 내 고향」 프로에 20분가량 농장과 함께 출연을 한다며 자랑 겸 시청을 하라는 전화였다. 그러나 어쩌랴, 이 산중에서 철쭉에 취해 있는데 도저히 시간을 맞출 수가 없어 서로 아쉽다는 말만 남겼었다.

녹화 필름이라도 보겠다고 했는데, 이런저런 핑계로 그간 만나지를 못했다. 그렇게 한 해가 가고 다시 그때 그 자리에 있는 것이다. 오늘은 그날의 다소 들떠있던 친구의 목소리를 대신하여 내가 먼저 전화를 걸었다.

역시 또랑또랑한 목소리는 반가웠다. 지난해를 회상하며 바로 그 곳이란 말에 더 감동으로 들릴 수밖에 없다. 그 동안의 안부와 함께 미안함도 담고 한 해의 빠름도 담아 또 한 해를 건강하게 잘 보내자고 다짐하며 끝냈다.

꼭 일 년 만에 그 자리에서 그 때를 돌아보려니 왠지 묘한 감정이 흐르기도 하였지만 그래도 차분한 마음이었다. 물론 그 속에는 무언의 믿음이 있어 굳이 다음을 약속하지 않았어도 머잖아 만나리란 기대가 담겨 있었다.

친구의 목소리는 틀림없이 그 목소리인데 다소 다르게 들리기도 했다. 일 년이란 시간의 간격이다. 저 바람이나 저 하늘의 구름은 흘러가고 새로운 것이다. 저 꽃도 그 꽃이지 싶어도 아님이 분명한데 꼭 같게만 느껴졌다.

그 때의 그 길을 따라 그 자리에 앉아 있다. 저 나무는 일 년이라는 세월을 하나의 나이테로 더 휘감고 있을 것이다. 그러나 옆에 무뚝뚝한 바위는 여전히 아무런 관심조차 없다. 일 년이라는 세월이 말없이 흐르고 있다.

눈앞에 펼쳐진 무더기 무더기가 그대로 하나의 커다란 꽃바구니이고 꽃동산이다. 멀리 있는 친구와 지난날을 되돌려보고 앞날을 그려보면서 가는 길인데 어찌 가뿐하지 않으랴. 서툴러도 이대로 꽃이 될 수는 없을까.

하루살이가 어지럽게 날면서 땀내를 맡고 겁 없이 눈에까지 덤벼든다. 바래봉에서 바라보는 지리산의 조망은 일품이다. 천왕봉에서 반야봉 만복대로 이어지는 초록물, 꽃물이 들어 줄기를 타고 한걸음에 힘차게 다가왔다. — 2014. 05. 07.

지리산 바래봉 철쭉꽃

설악산 귀때기청봉 진달래꽃

설악산은 말 그대로 돌산돌밭이다. 산행도 돌을 피해갈 수는 없다. 돌밭에서 벗어날 때는 산행도 끝나는 지점이다. 그만큼 산세는 험악하고 험악한 만큼 묘기를 부리는 봉우리나 바위들이 많아 빼어난 경관을 지니고 있다.

이런 돌산돌밭도 자연은 허점을 그냥 지나치지 않고 곳곳이 산사태로 흉한 몰골을 고스란히 드러내고 좀처럼 치유되지 않고 있다. 그나마 주위가 녹음으로 뒤덮이면 다소라도 가려진다. 계곡은 가뭄에 허옇게 말라 있다.

남녘은 이미 철쭉까지 져버린 지가 오래 되었다. 뒤늦게 진달래꽃을 보겠다고 길을 나섰다. 그것도 볼거리가 수없이 많은 설악인데 하필 흔하디흔한 데다 철이 지나도 한참을 지난 진달래라니 좀은 뜬금없지 싶기도 하다.

좋은 일도 반복되거나 아름다운 꽃도 시기가 뒤쳐지면 그 진가가 떨어진다. 받아들일 수 있는 용량이 포화가 되어 싫증을 느낀다. 또 더 이상 좋고 그름을 판단하는데 흐려지게 된다. 그래서 다투어 먼저 드러내려 한다.

그래도 설악의 진달래를 빼놓을 수 없다고 부추기니 못 이기는 척 따라 나섰다. 과연 기대하는 만큼 진달래꽃이 기다리고 있을까하는 반신반의에 한편으론 꽃이 아니면 산행의 즐거움으로 채우면 되지 싶기도 하였다.

귀때기청봉 오르는 길목은 온통 너덜지대다. 엉성하게 쌓였지 싶은 바위를 징검징검 밟고 건너뛰며 올라야 한다. 사이사이로 깊은 틈새 구멍도 들여다보인다. 구상나무가 온도변화에 내몰리면서 많이 죽어 고사목이 되었다.

귀때기는 귀를 낮잡아 이르는 말이다. 귀가 얼마나 중요한 기관인데 얕잡아 볼까나. 요즘 같은 세상 듣지를 않고 어찌 헤쳐 나가랴. 하기야 너무 헛소리가 떠돌아다니니 차라리 귀를 막는 것이 낫다고 여겨질 때도 있다.

그런데 대청봉, 중청봉, 소청봉, 끝청봉을 잇는 청봉이 붙은 귀때기청봉으로 불릴 만큼 설악산에서 귀중한 한 몫을 하고 있음이 얼핏 느낌으로도 다가온다. 그만큼 설악 서북능선의 소리에 귀를 기울이고 있음일 터이다.

어쨌거나 들을 이야기는 다 듣고 잘 걸러내야 할 것이다. 너무 남의 이야기를 들으려 하지 않으니 일부에서는 소통이 아니 된다, 불통이라고 아우성을 치기도 한다. 참소리에 온갖 잡소리가 뒤섞여도 진실은 드러나리라.

북사면은 고사목 밑에까지 진달래가 군락을 이루고 자생하고 있다. 나무는 불과 60cm 미만으로 키를 낮추고 있다. 진달래나무가 꽃을 피우기 시작하였다. 아쉽게도 잔잔한 진홍색의 꽃송이는 냉해에 듬성듬성 보잘것없다.

하지만 산자락을 붉게 물들이기에는 충분하다. 그만큼 넓게 진달래가 자생함을 알 수 있다. 천 년을 흘러도 너덜바위는 조금도 흔들림이나 변함이 없는데 오히려 너덜을 초목이 감싸면서 생태계의 겉모습이 변하고 있다.

알싸한 바람이 파고들어 뼛속까지 짜르르하다. 이런 냉기 속에 진달래꽃이 피고 있는 것이다. 특이한 것은 대개 철쭉보다 진달래가 저지대에 서식하는데 이곳은 뒤바뀌었다. 또한 꽃부터 피고 잎이 피는데 함께 피고 있다.

큰 틀에서 지금 북사면은 흘러내린 너덜바위를 진달래가 붉게 색칠을 하고 있다. 저 아래는 아카시아가 피고지고 모내기도 마무리에 접어들었는데 갈참나무가 이제서 싹을 삐죽거린다. 또한 초봄 야생화가 눈길을 끈다.

마치 사람들의 눈길을 피하고 세속을 벗어나 깊은 산속 가파른 북사면에서 특수집단이 결속을 위해 뒤늦게 벌이는 믿음의 축제 같다. 처절하리만큼 진지하면서 이색적인 모습은 설악의 또 하나 명물임에 틀림이 없었다.

다소 부족해도 이만큼 관심을 끌 수 있다는 것은 대단한 에너지의 폭발이기도 하다. 입소문을 타고 저런 모습을 즐겨 찾는 사람들이 늘어나고 있다. 좀 처진 패배자의 재기인지 앞서 가는 것인지 섣불리 속단할 수 없다.

설악산 귀때기청봉 진달래꽃

비록 저 한 송이 진달래꽃인들 어찌 진달래 혼자서 피울 수가 있었으랴. 조금만 눈여겨보면 주변에는 크고 작은 야생화가 수없이 피어나고 있다. 서로가 힘을 주거니 받거니 어우렁더우렁 살아가기에 가능했을 것이다.

정말 아름답다. 꽃을 꽃으로 보아주는 이 있어 더 신바람 났는가보다. 저 해말간 순수 앞에 너무 눈이 부끄러워 내 마음을 은연중 내려놓는다. 굳이 설명이 필요 없다. 아니 그냥 눈빛만으로도 눈물겹게 넉넉히 들어왔다.

설악의 가파른 능선에서 초봄을 엿본다. 야생화가 자태를 뽐낸다.

온갖 교태를 부리고 있다. 정말 하나하나 너무 고와서 눈부시다. 저 거칠 것 없는 비탈에서 세찬 겨울바람을 이겨내고 저리 고운 빛깔을 빚어내고 있다.

지난 4월 4일에 여수 영취산에서 진달래 꽃불을 노래하였었다. 이제 설악의 귀때기청봉에서 한 달 보름이나 건너뛰어 뒤늦게 산자락을 붉게 색칠한 풍경을 본다. 세월을 뒷걸음질치고 있는 듯한 착각에 빠지기도 하였다.

봄날을 잡아두고 머물러 제자리걸음하듯 계절을 거듭 맞았다. 초여름 날씨에서 다시 봄날로 되돌아갔다. 아래는 철쭉이 피어나고 위쪽에 진달래 꽃밭을 거닐었다. 그런 자연 앞에서 경외감과 함께 작아질 수밖에 없었다.

아주 고달팠던 산행만큼 흔치 않은 경관과 풍경에서 새로운 모습들을 담으며 다리품을 팔았다. 훈훈한 열기에 갑자기 몰아치는 등골이 오싹한 냉기류를 맞고 생글거리는 야생화의 눈길과 마주치면서 하루가 녹아들었다. — 2014. 05. 20.

설악산 십이선녀탕 계곡

누가 설악산을 높고 깊으며 웅장하다고 하지 않으랴. 어느 곳을 돌아보아도 곳곳에서 바위들이 부리는 멋스러움에 감탄하지 않으랴. 바위 하나 그냥 깎인 것이 아니다. 때로는 혼령이라도 들어있는 양 발랄하게 다가선다.

어느 계절에 찾아도 그 계절에 맞는 듯싶은 모습을 드러내 보이기에 뭇 사람들로부터 경외감과 함께 꾸준하게 사랑을 받으며 찾아들기를 주저하지 않는다. 찾고 찾아도 새로움에 빠져드는 듯싶은 설렘으로 감동이 있다.

산이 높으면 그만큼 계곡도 깊어질 수밖에 없다. 산이 깊으면 그만큼 계곡도 길고 물길도 길어질 수밖에 없다. 빼어난 산이라면 그 물길 또한 예사롭지 않을 수밖에 없다. 바로 그런 곳이 여기 십이선녀탕 계곡이지 싶다.

설악산은 능선도 좋지만 계곡도 좋다. 불쑥불쑥 솟아오른 봉우리도 좋지만 깊은 계곡 따라 길게 흘러내리는 옥수소리를 듣는 것도 좋다. 흘러가며 크고 작은 폭포를 만나고 물웅덩이 소의 맑은 물을 들여다보는 것도 좋다.

비록 이름 모르는 작은 야생화면 어떻고 이름 모를 새들의 지저귐이면 어떻고 그 이름 낯설은 나무들이면 어떠냐. 저리 시원한 바람이 다가와 땀을 닦아주고 저렇게 낭랑하고도 청아한 목청의 물소리가 좋지를 않은가.

물은 요동을 치는 듯싶어도 어느 물웅덩이 하나 손색이 없다. 어느 물 하나 탁하지 않고 맑다. 어느 물 하나도 손이 시릴 만큼 차갑다. 저 물이 산자락을 타고 내리며 나무를 키웠고 풀을 키워 숲을 만들고 꽃을 피웠다.

나무는 끊임없이 목을 축이기 위해 물을 향해 구애하지만 물은 다

설악산 십이선녀탕계곡 복숭아탕

소곳이 응하지 않는다. 물의 속성은 가만히 있지를 않고 낮은 곳을 향해 흘러가야 하고 서로 만나 하나로 결합하려 한다. 그래서 작은 물이 큰물 된다.

욕심이 많았던가. 산줄기 봉우리와 바위의 묘기에 빠져들고 피로가 쌓일 즈음 계곡에서 말끔하게 씻어내고 있다. 십이선녀탕 계곡을 따라가며 바위와 나무와 물의 만남 꽃과 녹음의 어우러짐에 바람과 함께 걷고 걷는다.

다만 세속에 절고 절은 사람들이 수없이 찾아들어 감탄의 눈길을 떼지 못하고 사르르 자신도 모르게 황홀경에 빠져들다 잠시잠깐이라도 마음을 씻어 자신을 돌아보는 시간이었으니 좋겠다. 저 맑은 물이 혼자 흘러가네.

물은 돌을 헤집고 흐르기도 하고 아예 땅속을 흐르는가 하면 암반 위를 미끄럼 타듯 유유히 흘러내린다. 돌에 부딪치거나 높은 곳에서 떨어지며 하얗게 질리고 시퍼렇게 멍든 듯싶다가도 금세 평정심을 찾아 흐른다.

물은 끊임없이 돌 틈을 흐르면서 정화되어 깨끗해진다. 그래서인가, 그 물을 마시고 들여다보면 마음도 속도 깨끗해지지 싶다. 산속에서는 물소리만 들어도 마음이 절로 산뜻해지며 피로가 풀어지는 기분이 들곤 한다.

부드러운 물길이지만 때로는 목청을 높이며 반복되는 흐름은 바위를 깎고 웅덩이를 파며 길을 넓힌다. 물은 그 형태에 연연하거나 구속을 받지 않고 다양한 모습으로 심지어 갈가리 찢기는 듯싶다가도 다시 재결합한다.

천상의 조각가가 조각하였던가. 도공이 항아리를 빚었던가. 여기도 저기도 움푹 파이고 은밀히 파내 물항아리 만들어서 하늘나라 12선녀 내려와 목욕할 만큼 꾸미고 다듬었던가마는 이제 선녀는 그림자도 비치지 않는다.

아니 지금쯤 선녀는 없어도 괜찮다. 하지만 전설만은 고스란히 안고 간직하고 있어 지나는 이마다 다시 되새김질해보며 감탄을 쏟아놓는다. 오늘처럼 더위를 느끼고 오랜 산행을 하면 불쑥 뛰어들고 싶은 충동도 느낀다.

마음을 풀어놓고 십이선녀탕 계곡을 따라갔다. 물길을 따라갔다. 가면서 마음속 물장구에 거꾸러지고 뒤죽박죽이다가 마음을 가다듬었다. 하루가 서녘으로 기울면서 산행도 마무리에 접어들었다. 설악의 아름다움이여! — 2014. 05. 20.

소백산 비로봉의 철쭉

소백산 비로봉의 밋밋한 풀밭을 훑어가는 써늘한 바람과 인근에 늘어선 철쭉이 불현듯 떠올라 찾아간다. 태백산에서 뻗어 나온 힘찬 산줄기는 한국의 알프스라고 불릴 만큼 굳이 흰 눈이 아니라도 그 기세가 당당하다.

왜 다시 왔느냐고 묻지를 마라. 언제 왔었느냐고 꼬치꼬치 따지지 마라. 누구랑 왔었느냐 알려고 마라. 그냥 산이 있고 그냥 산이 좋고 그래서 왔으면 되는 것이다. 산은 나를 기다리지 않더라도 나는 산을 그리워한다.

산자락에 나무가 없어 민숭민숭하면 좀은 그렇다. 계곡은 깊은데 물이 없으면 뭔가 빠뜨린 듯 허전하다. 마음이 갈피를 못 잡고 비어 있으면 또한 막막하다. 있어야 할 곳에 있어야 한다. 그래도 소백산의 비로봉이 좋다.

오늘 영덕지방이 33.9도로 5월 날씨로는 31년 만에 가장 더웠다는 뒷이야기다. 한여름을 방불케 하는데 준비 안 된 더위가 힘들게 한다. 심한 가뭄으로 계곡물이 바싹 줄어들었어도 물소리는 여전히 귀를 시원하게 한다.

깊은 물보다는 낮은 물이 더 요란하고 들녘 물보다 산골물이 더 드세다. 돌길을 지나면 길은 먼지가 푸석거린다. 때를 만난 듯 똥파리며 하루살이는 더 극성을 부린다. 땀 냄새, 음식 냄새를 맡고 더 기를 쓰고 달려든다.

그래도 천 년을 살아갈 주목은 의연하다. 어쩌다 한두 번 그런 것을 가지고 그렇게 호들갑을 떠느냐는 것 같다. 좋은 날이 있으면 궂은 날이 있듯 넘치는 날이 있으면 부족한 날도 있는데 그를 이겨내는 것이 삶이란다.

비로봉은 여전히 거대한 풀밭이다. 그렇다고 목초지가 되는 것도 아닌 잡초뿐이다. 그나마 풀이라도 뒤덮어주었으니 알머리보다는 낫지 싶다. 역시 비로봉의 바람은 써늘하다. 저 바람에 풀조차 편안히 자라지 못한다.

탁 트인 허허 벌판 정상주변은 바람 따라 풀들도 수시로 돌아눕거나 방향을 바꾸어야 한다. 따라서 키를 낮추며 마치 시달릴 준비, 매맞을 각오를 하고 있는 것 같다. 철쭉이 만개하기에는 일주일쯤은 빨리 왔지 싶다.

듬성듬성 사과나무처럼 다듬어진 철쭉을 본다. 한 나무의 반쯤은 아예 꽃망울조차 맺지를 못했다. 나머지 중 반쯤은 망울이 부풀고 반쯤은 꽃이 활짝 피었다. 미색 혹은 분홍색이 더 곱게 다가선다. 한 가족 세 모습이다.

주말을 맞아 철쭉보다 사람이 더 많고 철쭉보다 사람의 복장이 더 현란하다. 그래서인가 꽃보다 사람이 더 아름답게 들어오기도 한다.

장사진을 이룬 소백산 비로봉

그래도 따가운 햇살과 간간히 들어오는 바람이 선들선들 하면서 계절을 붙잡고 있다.

한겨울 바람은 엄청 세차 산자락을 얼어붙게 하고 눈이 푹푹 쌓여 기막힌 설경을 만들어내기도 한다. 저 아래 초입은 신록의 녹음인데 비해 그 바람 그 냉기가 뒷심을 발휘하며 계절의 발걸음을 더듬거려 한 발짝 늦다.

정상에 올라 저 멀리 굽이굽이 조망하는 것으로 만족을 얻으면 된다. 그래도 나름 볼 만큼 꽃은 있으니 철쭉꽃이 다소 기대에 미치지 못한다고 그리 서운해 할 것은 없다. 다만 날짜 조절을 제대로 못한 불찰일 뿐이다.

잡풀이 끝나는 가장자리에 진달래도 덩달아 헝클어진 몰골에 꽃매무새가 볼품없다. 날씨는 분명 여름인데 꽃은 봄을 찾고 있으니 아무래도 엇박자일 수밖에 없다. 어쩌면 마음이 더 우왕좌왕하고 있었는지 모를 일이다.

계곡물에 발을 담가본다. 으으으~, 살이 떨리면서 뼈가 엄살인지 냉기가 금세 온몸을 휘덮고 오싹해진다. 그래도 돌에 이끼는 아무렇지 않게 시퍼렇게 일어서 융단처럼 푹신해 보인다. 이 물을 먹고 초목은 번들거린다.

개미들의 긴 행렬을 본다. 어디선가 페로몬으로 명령이 하달되었을 것이다. 내일 밤 많은 비가 내린다는 예보였는데 그들도 육감으로 알았을까. 작은 체구에 큰 바위도 거침없이 오르내리는 그들이 진정한 등산가였다. ― 2014. 05. 24.

여유 넘치는 덕유산 철쭉

대전에서 비교적 가까운 거리에 있는 덕유산은 온화하며 넉넉하다. 그만큼 편안하다. 그래도 백두대간 자락이 길게 지나가는 만만치 않은 산이다. 등뼈가 있는 만큼 중심이 잡히고 폭 넓게 주변을 감싸면서 아우르고 있다.

덕유산은 설경으로도 빼놓을 수 없는 풍경을 자랑하지만 철쭉꽃을 보러간다. 철쭉꽃은 어지간한 산이면 어디에서나 흔하게 볼 수 있는 봄꽃이지만 중봉을 중심으로 덕유평전에 펼쳐진 철쭉꽃이 가물가물 놓아주질 않는다.

초록빛 산자락에 불을 밝히듯이 무더기무더기 피어있는 철쭉꽃을 바라보노라면 시원하게 불어오는 바람과 함께 마음이 절로 깨끗해진다. 연분홍, 진분홍 그 소박하면서도 순수함에서 아름다움의 진미를 만끽할 수 있다.

안성매표소에서 조선소나무 적송의 미끈미끈한 다리를 보며 오른다. 힘찬 계곡물소리에 맞춰 피톤치드의 숲속을 가고 있다. 소나무와 계곡과 바위와 물의 어우러짐으로 한층 돋보이는 상큼한 풍경 속을 힘차게 내딛는다.

백두대간능선으로 이어지는 동엽령까지는 가파르게 올라가야 한다. 물이 말라 밑바닥 암반까지 드러난 계곡은 더 깊어 보인다. 칠연폭포소리가 산자락을 흔들며 아우성쳐대도 가뭄에 초목의 목을 축축이 적실 수는 없다.

나무는 끝없이 물을 찾고 몸을 비틀어 바람을 피하며 큰다. 찾아드는 새를 귀찮게 여기지 않고 집 지을 자리를 내어준다. 밤이 깊어지면 달빛도 잠시 나뭇가지에 얹혀서 쉬었다 간다. 나무는 나무끼리 어울려 숲을 만든다.

나무는 틈새만 있으면 끊임없이 비집고 머리를 들어 햇볕을 받으려 은연중 경쟁하며 살아간다. 어렵사리 동엽령에 올라서니 바람이 더 강해졌다. 비로소 철쭉꽃이 보이는데 꽃송이가 통째로 바닥에 쏟

덕유산 고사목과 철쭉꽃

아져 널브러져있다.

며칠은 더 자태를 뽐내도 되는데 심술궂은 바람이 시샘하며 마구잡이로 흔들어 떨어뜨린 것이다. 낙화도 싱그러움을 그대로 품고 있어 지나는 발길이 조심스럽다. 덕유평전을 질러 중봉으로 오르는 바람이 아주 거세다.

몸뚱이가 휘청휘청 접근을 저지하려는 듯싶은 모양새를 보인다. 산죽밭에 고사리처럼 길게 머리를 내밀은 싸리나무는 이제 겨우 움트는 것을 보면 추위를 엄청 타나보다. 와중에도 군데군데 철쭉은 곱게 꽃을 피우고 있다.

그래 어려운 상황에서도 잘 참고 기다려주었지 싶다. 이렇게 조우를 하니 갑자기 수줍은 양 붉어진 얼굴이 더 매혹적으로 한 발짝 다가선다. 아직도 저런 순수를 간직한 자연이기에 감명 깊은 것이다. 반갑다, 철쭉꽃아!

그냥 이렇게 바라만 보고 있어도 뭔가 이심전심 통하는 양 마음 편해지는 것은 너를 찾아 땀을 흠씬 흘리며 온 것이 그냥 헛되지 않았음이리라. 너를 보며 피로를 잊고 오히려 신선함이 담긴 기를 듬뿍 담아갈 수 있다.

이는 오월의 덕유산이 선뜻 내어주는 하나의 선물이기도 하다. 꽃과 바람과 멀리까지 들어오는 시계는 가슴 툭툭 털고 호연지기를 펼치기에 손색이 없다. 그만큼 덕유산은 넉넉하고 부유하며 여유롭게 감싸고 받아준다.

왜 잎은 서둘러 꽃을 가리려 하는가? 왜 바람은 오며 가며 툭툭 건드리는가? 아기자기한 꽃들도 많은데 오월이면 왜 뭇 시선은 철쭉꽃에 관심을 보이는가? 왜 햇볕은 따갑도록 내리쬐는가? 가련 청순함에 마음이 당긴다.

비록 참꽃의 진달래에 비해 개꽃이라 불릴망정 그렇게 방정맞거나 그렇게 요염하지 않고 그렇게 조잡스럽지 않고 그렇게 세속의 때가 묻지 않고 그렇게 당당하거나 도도하지를 않고 조용조용한 모습이 마음에 들어온다.

꽃은 여유 있고 은은함이 엿보인다. 약간 개화가 늦지만 서두름 없이 잎과 함께 핀다. 통꽃의 꽃잎은 다섯으로 갈라지고 세 잎에 홍역이라도 심히 앓다가 점점이 핏자국이 박혀 끝내 씻기지 않은 것 같은 흔적이 남았다.

중봉서 이웃 향적봉 정상으로 간다. 아고산대의 갈참나무는 고만고만한 낮은 키에 가지도 올곧게 뻗지를 못하였다. 마디마디에 기이한 옹이가 요상한 모습을 하고 있음은 삶이 결코 수월치가 않았음을 보여주는 문신이다.

산자락은 계절행사로 소리 없는 아우성을 치듯 아주 분주하다. 좁은 땅을 아껴보려는 듯 겹겹으로 산죽 위에 갈참나무가 들어서고 그 밑에 원추리가 무성하게 자라나 온통 노랗게 물을 들일 다음 순번을 기다리고 있다.

주목은 고목이 되어 몸뚱이 하나 제대로 간수하지 못해 온몸이 너덜너덜 해어지고 반쯤 속이 비거나 가죽만 남다시피 했어도 흔들림이 없이 의연한 모습을 간직하고 있다. 저런 뚝심이 천년을 하루같이 살게 한 것이다.

몇 해 사이 고사목이 눈에 많이 띈다. 주위는 새봄이 왔으며 여름도 온다고 수런거린다. 제 아무리 바람이 힘차게 밀쳐대도 새싹은 트고 꽃을 피우며 녹음으로 우거지면서 작은 새들까지 날아와서 마구 우짖어대고 있다.

하지만 한 번 고사목이 되면 그 누구도 눈을 뜨지 못한다. 그래도 묵묵히 자리를 지키면서 한 가족이었음을 상기시키고 있다. 그 뜻을 기리듯이 그 앞에 만개한 철쭉이 헌화한다. 화환처럼 놓인 모습에서 눈시울 붉어진다.

저런 제스처까지 취하는 철쭉꽃이 어이 아름답지 않으랴. 따갑게 쏟아지는 햇살과 세차게 몰아치는 바람 속에 듬성듬성 부족하지 싶어도 깜냥껏 드러내는 덕유산 철쭉꽃밭에 셔터를 누르는 사람도 신바람 나는 하루였다. — 2014. 05. 27.

월악산 영봉을 오르며

이제 유월이다. 계절적으로 여름이라고 하여도 손색없다. 서둘러 더위가 찾아들면서 어제는 대구지방이 37.4도라는 오월의 날씨로는 기상관측 이래 최고의 기록을 경신하였다. 이미 곳곳에서 오월 열대야까지 나타났다.

급변하는 날씨의 변화가 생활의 변화를 선도하면서 재촉을 하고 있지 싶다. 더듬거리며 적당히 가려다가는 시행착오를 거듭하거나 뒤떨어질 수밖에 없다. 요즘은 세상사가 하루가 멀다 하고 생판 다르게 변화하고 있다.

파괴는 곧 건설이라고도 하지만 여기저기서 끊임없이 사건사고가 터지며 어디서부터 잘못되었는지 아리송하다. 모두를 뒤돌아보며 재정비하고 있다. 우선 나부터 변해야 한다. 마음뿐 아니라 행동도 함께 바뀌어야 한다.

변화는 하나의 듣기 좋은 구호가 아니다. 그리 쉽지 않은 일이지만 생각이 바뀌고 행동이 바뀌고 너도 나도 다함께 습관이 바뀌며 관념의 틀에서 벗어나야 한다. 이제 끝물이 되었을 봄꽃을 보러 월악산 영봉으로 떠난다.

봄꽃이 없어도 늠름한 영봉이야 어디로 갔을까. 그 자리서 기다리겠지. 중원의 바다라 불리는 충주호, 울창한 숲 송계계곡 맑은 물, 청아한 소나무바람소리도 보고 들을 수 있는데 심한 가뭄으로 바닥이 드러나고 있다.

월악산의 정상인 영봉

그래도 신라의 경순왕이 천년 사직을 하루아침에 왕건에게 자진해 넘기자 이를 극구 만류하다 패망의 아픔을 가슴에 안은 마의태자와 덕주공주의 전설 같은 가슴 아픈 이야기는 아직껏 지워지지 않고 튀어나올 것이다.

하지만 오늘은 무더운 날씨로 많은 땀을 기꺼이 쏟아내야 할 것 같다. 버리는 것만큼 또한 얻어지는 것도 있으리라. 버릴 것은 아낌없이 버리면서 담을 것은 즐거운 마음으로 담아오면 수치상으로는 손해 될 것이 없다.

막연히 산이 있어 뚜벅뚜벅 산에 오르는 것보다는 뭔가 자신만의 목표 의식을 갖는 것도 괜찮을 것이다. 때로는 그것이 또 다른 성취감을 가져오기도 한다. 누구에게나 같이 다가오지 싶은 자연도 받아들임에서는 다르다.

그가 전혀 보지 못한 것을 나는 볼 수 있고 그가 느끼지 못한 것을 나는 느낄 수 있다. 그 반대의 현상일 수도 있다. 하나의 같은 바위를 놓고도 그 형상이나 그 형상이 빚어내는 이미지의 확장에서는 전혀 달라진다.

어느 것이 옳고 그름의 차원을 넘어 느끼고 생각하고 받아들이려는 차이이다. 같은 산을 오르면서 부수적인 아니 어쩌면 더 중요한 것을 담아오는 것일 수도 있다. 그래서 산을 찾는 재미가 더 쏠쏠해지는지도 모른다.

한 때는 억새를 찾아 여기저기 많이 쫓아다녔다. 이번에는 철쭉을 찾아 보다 많은 관심을 기울인 편이다. 나름 테마여행을 겸한 테마산행을 하고 있는 셈이다. 같은 억새이고 같은 철쭉이지 싶어도 어딘가 다르게 다가왔다.

시간과 장소라는 배경이 주는 시각적인 차이가 있을 뿐만 아니라 자라난 토양도 다소 다르기에 또한 다를 수밖에 없다. 같은 꽃이라도 주고받는 의미가 다르듯이 보려는 마음가짐에서 다르게 들어올 수밖에 없을 것이다.

실제로 새롭게 들어오고 새로운 느낌이었다. 어렵게 찾아간 만큼 더 소중하게 여겨지기도 하였다. 때로는 마치 나를 마냥 기다리고 있었던 것 같은 착각에 빠져들기도 한다. 그 한 송이에 담긴 무언의 메시지를 읽었다.

송계교에서 보덕암에 오르기도 전에 푹푹 찌는 날씨로 몸이 먼저 사리듯 땀방울이 줄줄 흘러내렸다. 하봉과 중봉 그리고 영봉으로 가는 길은 갈수록 계단과 거친 산길로 가팔랐다. 그나마 아름드리 소나무가 위안을 준다.

불과 오일 전에 덕유산에서 만개한 철쭉을 만끽하였는데 그림자도 비치지 않는다. 이미 철이 지났다. 꽃이 진 자리를 본다. 아주 아름답게 보였을 터인데 막상 꽃이 지고 나니 저리 볼품없이 초라하고 처량하기 짝이 없다.

간혹 눈물자국처럼 미처 다 씻어내지 못하고 줄기며 가지가 이리저리 엉킨 것이 결코 평탄치 못은 삶이었음을 살짝 엿볼 수 있다. 살랑거리는 바람에 온몸이 흔들리고 있다. 곧 상처는 스스로 아물면서 치유될 것이다.

크든 작든 나무에게는 대자연 앞에서 선택의 여지가 없다. 그 해에 나름 부족했어도 그것으로 마무리 짓고 어떤 단서나 조건도 없이 다시 한 해를 준비하기 위하여 태연하게 잎을 피우고 묵묵히 가지를 뻗어갈 것이다.

곁에 싱그럽게 일어서는 나무를 본다. 잎이 번들번들 무성하다. 저 모습이 젊음이고 푸른 피가 끓어오르는 청춘이다. 충만한 패기에 박동소리가 넘쳐나지 싶다. 자연은 계절을 알고 순리를 알고 스스로를 탓하지도 않는다.

곳곳에서 사방을 조망한다. 충주호를 보고 푸른 하늘을 본다. 바다를 본다. 깊은 계곡 굽이굽이 산자락을 본다. 산하를 본다. 옆을 알아볼 수 없을 만큼 시푸르게 일어서는 녹음을 본다. 넘친 패기에 용솟음치는 젊음을 본다.

재잘거리는 새소리에 휘익 밀치고 달아나는 바람이 저만큼 나뭇

잎에서 출렁거린다. 땡볕이 내리쬐는 산은 풍성해진다. 그 넉넉함 속에 크고 작은 야생화들이 피어났고 과묵함에 까르르 터질 것 같은 여유까지 묻어났다.

비록 고목일망정 위풍당당한 연륜을 읽는다. 괴상망측한 옹이에 줄기며 뻥 뚫린 몸뚱이를 끌어안고 푸름의 끈을 놓지 못하는 삶의 애착에서 감탄과 존엄과 경외감을 갖게 한다. 무궁무진한 삶의 지혜를 느끼며 하산하였다. — 2014. 06. 01.

월악산의 고사목

‖ 작가 약력 ‖

- 충남 아산시 송악면 외암리 출생
- 계간 오늘의문학 隨筆등단
- 월간 문예사조 詩등단
- 세무사 시험 (제18회) 합격
- 공인중개사 시험 (제1회) 합격

〈수필집〉

- 01집 : 남산공원 맹꽁이
- 02집 : 버드내 초록마을
- 03집 : 향기가 묻어나는 풍경
- 04집 : 거미줄에 걸린 날
- 05집 : 백두대간
- 06집 : 그곳에 가보고 싶다
- 07집 : 억새의 노래
- 08집 : 뉴질랜드에서 호주 시드니
- 09집 : 그류 그런디 그게 어디 그류

〈시집〉

- 01집 : 고장난 시간들
- 02집 : 내 마음에 그물질하는 사람아
- 03집 : 그리움 놓고 가면
- 04집 : 나는 그대 얼굴로 그대는 내 얼굴로

- 05집 : 사랑 365
- 06집 : 다시 사랑 365
- 07집 : 또다시 사랑 365
- 08집 : 백령도에 비가 내린다. 上
- 09집 : 백령도에 비가 내린다. 下
- 10집 : 6월, 그날의 함성
- 11집 : 땀으로 씻어낸 지리산
- 12집 : 야릇한 돼지의 미소
- 13집 : 천지에 발 담그고
- 14집 : 개미 비상 걸기
- 15집 : 그대는 산에 가면 산이 되는가
- 16집 : 박종국 16 시집
- 17집 : 버드내 풍경
- 18집 : 고기 굽는 마을
- 19집 : 섬은 섬을 말하지 않는다

〈문학관련 회원〉

- 한국문인협회 문단정화위원
- 대전문인협회 회원
- 뜨락문학회 회장
- 아산문인협회 회원
- 한국수필가협회 회원

• 대전.충남수필문학회 회원

• 문학사랑협의회 회원

• 대전문인총연합회 회원

• 대전펜문학회 회원

〈문학관련 수상〉

• 월간 문예사조 신인상(詩)

• 계간 오늘의문학 신인상(隨筆)

• 행정자치부장관상(隨筆)

• 국세청장상(詩)

• 대전광역시장상(詩)

• 인터넷문학상(詩)

• 대전문학상(詩)

• 옥로문학상(詩.隨筆)

• 예술문화공로 대전광역시장상

• 하이트 진로문학상

〈기타〉

• 백두대간 (지리산 천왕봉~금강산 향로봉) 종주

- 수필집 「백두대간」 발간

그류 그런디 그게 어디 그류

박종국 제9수필집

발 행 일 | 2014년 7월 30일
지 은 이 | 박종국
발 행 인 | 李憲錫
발 행 처 | 오늘의문학사
출판등록 | 제55호(1993년 6월 23일)
주　　소 | 대전광역시 동구 대전로 867번길 52(한밭오피스텔 401호)
전화번호 | (042)624-2980
팩시밀리 | (042)628-2983
홈페이지 | http://www.lito77.co.kr(홈페이지)
전자우편 | hs2980@hanmail.net

공 급 처 | 한국출판협동조합
주문전화 | (070)7119-1752
팩시밀리 | (031)944-8234~6

ISBN 978-89-5669-629-4
값 12,000원

* 이 책은 ㈜교보문고에서 E-Book(전자책)으로 제작 · 판매합니다.
* 잘못 제작된 책은 바꾸어 드립니다.